# 巴菲特全书

张 乐 编著

投资智慧
管理圣经

# WARREN BUFFETT

辽海出版社

图书在版编目（CIP）数据

巴菲特全书 / 张乐编著 .—沈阳：辽海出版社，2018.12
ISBN 978-7-5451-5218-0

Ⅰ.①巴… Ⅱ.①张… Ⅲ.①巴菲特（Buffett, Warren 1930- ）—投资—经验 Ⅳ.① F837.124.8

中国版本图书馆 CIP 数据核字（2019）第 027153 号

---

巴菲特全书

责任编辑：柳海松
责任校对：丁　雁
装帧设计：廖　海
开　　本：630mm×910mm
印　　张：14
字　　数：195 千字
出版时间：2019 年 3 月第 1 版
印刷时间：2019 年 3 月第 1 次印刷

---

出版者：辽海出版社
印刷者：北京一鑫印务有限责任公司

---

ISBN 978-7-5451-5218-0　　　　　　定　价：68.00 元
版权所有　翻印必究

# 前 言

　　巴菲特在投资发展史上可谓独占鳌头,被喻为"当代最伟大的投资者""华尔街股神",他创造了从100美元起家到至今获利470亿美元财富的投资神话。2000年初,美国《财富》杂志评出20世纪的八大投资大师,而巴菲特名列榜首,成为名副其实的最伟大的投资者。巴菲特从1965年接手伯克希尔公司至2007年的42年间,经历过股市崩盘、高通货膨胀、银行利率波动等险恶情况,但伯克希尔公司从未出现过亏损年度,这是绝无仅有的奇迹。而且,伯克希尔公司每股的净值由当初的19美元增长到2007年的50498美元,年复合增长率约为22%。2008年,"次贷危机"爆发前夕,伯克希尔公司留存了近400亿美元的现金,并持有近300亿美元的国债,所以在危机到来时,巴菲特才能出手阔绰,当一个个投资人都在惶惶不安中度日如年,他却"在别人恐惧的时候贪婪",手持大量现金勇敢地在华尔街抄底,通过一系列卓有成效的重大举措在危机中守住了财富,避免了像百年投行雷曼、美林的神话相继破灭的命运。到2010年,巴菲特仍以净资产470亿美元位列福布斯排行榜第三名。

　　中国有句古话说:取法其上,得乎其中;取法其中,得乎其下。我们要想在投资上取得卓越的业绩,最好的办法就是学习最伟大的投资大师的策略。毫无疑问，巴菲特就是一位最值得我们效法的大师。

或许有人认为，巴菲特能在股票投资上取得如此巨大的成就，背后一定有一套非常人所能掌握的高深莫测的理论，而巴菲特本人一定是一位智商超群的天才人物。事实并非如此。古人云，大道至简。巴菲特告诉我们，真正伟大的投资成功之道，只需要很少的几个原则就可以，非常简单，却非常有效，不需要高智商，不需要高等数学，更不需要高学历，任何一个小学毕业的普通投资者都能掌握，都能应用。巴菲特曾说："我从来没发现高等数学在投资中有什么作用，只要懂小学算术就足够了。如果高等数学是必需的，我就得回去送报纸了。""要想成功地进行投资，你不需要懂得什么专业投资理论。事实上大家最好对这些东西一无所知。""投资并非智力竞赛，智商高的人未必能击败智商低的人。"他发现学校里讲的许多专业理论往往在实践中是行不通的，掌握的知识越多反而越有害。复杂的问题有时候却可以用最简单的方式来寻求解答，这正是巴菲特投资哲学的独特魅力。身处风云变幻的股市中，最需要保持的是那一份绝对的理性，最值得依赖的判断工具仍是那一点很平凡、质朴的经营常识。事实上，巴菲特的投资理论简单、易学、实用。

本书系统、全面地总结了巴菲特的投资思想和方法，并具体实录了巴菲特主要的投资案例。在本书中，读者将会看到巴菲特价值投资理论的全貌，包括他的集中投资策略、如何挑选企业股票、如何管理公司、如何做交易、如何读财报以及如何规避股市中的风险。随后实录的巴菲特投资成功案例也会对读者大有裨益。巴菲特曾用一句话概括他的价值投资理论的精髓：

# 前言

"我们寻找的是一个具有持续竞争优势并且由一群既能干又全心全意为股东服务的人来管理的企业。当发现具备这些特征的企业而且我们又能以合理的价格购买时,我们几乎不可能出错。"广发证券曾对美国主要的 16 种投资策略进行研究,结果是,能够在熊市中赚钱的就是巴菲特的价值成长投资,而在牛市中能够超越指数 4 倍的也是巴菲特的价值成长投资。

当然,不是每个人都能像巴菲特那样积累 470 亿美元的巨额财富,也不是每个人都能像巴菲特那样进行交易。学习巴菲特的意义在于,巴菲特为人们提供了一种方法、一种思维和一种态度,最重要的是一种境界,这种境界就是在年轻的时候想明白了很多事情,然后用一生的岁月去坚守。你越是在年轻的时候想明白这些事情,可能以后积累的财富就越多。那些成功的投资家会随着时间的流逝最终淡出我们的视野,但他们的投资原则是永恒的,我们所要做的就是学习这些原则并付诸实践,并忍受长时间的孤独寂寞,经过种种巨大的折腾,最终达到超凡脱俗的人生境界!

# 目 录

## 第一章 巴菲特的价值投资理论

### 第一节 价值投资，黄金量尺 ………………………… 1
  价值投资本质：寻找价值与价格的差异 ………… 1
  价值投资基石：安全边际 ……………………… 3
  价值投资的三角：投资人、市场、公司 ………… 5
  股市中的价值规律 ……………………………… 7
  价值投资能持续战胜市场 ……………………… 10

### 第二节 评估一只股票的价值 ………………………… 12
  股本收益率高的公司 …………………………… 12
  利用"总体盈余"法进行估算 …………………… 14
  利用现金流量进行评估 ………………………… 16
  运用概率估值 …………………………………… 20
  股价对价值的背离总会过去 …………………… 23

## 第二章 巴菲特的集中投资策略

### 第一节 最高规则聚集于市场之中 …………………… 25
  让"市场先生"为你所用 ……………………… 25
  反其道而行，战胜市场 ………………………… 28
  正确掌握市场的价值规律 ……………………… 30
  不要顾虑经济形势和股价跌涨 ………………… 32

有效利用市场无效，战胜市场……………………… 35
如何从通货膨胀中获利………………………………… 36

第二节 被华尔街忽视但最有效的集中投资……………… 38
精心选股，集中投资…………………………………… 38
集中投资，快而准……………………………………… 40
集中投资，关注长期收益率…………………………… 42
准确评估风险，发挥集中投资的威力………………… 44
在赢的概率最高时下大赌注…………………………… 45

第三节 聚焦新经济下的新方法…………………………… 47
购买公司而不是买股票………………………………… 47
不要混淆投资与投机的差别…………………………… 48
需要注意的商业准则三大特征………………………… 50
高级经理人必备的三种重要品质……………………… 52

# 第三章 巴菲特教你选择企业

第一节 选择企业的基本准则……………………………… 55
选择有竞争优势的企业………………………………… 55
选择盈利高的企业……………………………………… 57
选择价格合理的企业…………………………………… 59
选择有经济特许权的企业……………………………… 62

第二节 公司管理层优秀的8个标准……………………… 64
寻找优秀的管理层很关键……………………………… 64
公司管理层影响着公司内在价值……………………… 66
有很优秀的资金配置能力……………………………… 67
能够帮助企业渡过难关………………………………… 69
能够成为企业的一部分………………………………… 70

可以把回购股票看作是风向标……………………… 71
评估企业管理者的两项硬指标 ………………………… 73
好的董事会能够控制经营风险 ………………………… 74

第三节 什么行业最值得投资………………………………… 76
投资易于了解的行业 …………………………………… 76
生意不熟不做 …………………………………………… 79
寻找长期稳定产业 ……………………………………… 82
寻找具有竞争优势的产业 ……………………………… 83
顺风行业更值得投资 …………………………………… 85
选准行业"领头羊" …………………………………… 86
选择具有核心竞争力的产业 …………………………… 88

## 第四章 巴菲特教你读财报

第一节 损益表项的3条信息 ……………………………… 90
好企业的销售成本越少越好 …………………………… 90
长期盈利的关键指标是毛利润/毛利率 ……………… 92
特别关注营业费用 ……………………………………… 94

第二节 资产负债表项的8条重要信息 …………………… 95
没有负债的才是真正的好企业 ………………………… 95
现金和现金等价物是公司的安全保障 ………………… 97
债务比率过高意味着高风险 …………………………… 99
负债率依行业的不同而不同 …………………………… 100
负债率高低与会计准则有关 …………………………… 101
并不是所有的负债都是必要的 ………………………… 103
零息债券是一把双刃刀 ………………………………… 104
银根紧缩时的投资机会更多 …………………………… 106

第三节　现金流量表里面的8个秘密……………107
　　自由现金流充沛的企业才是好企业……………107
　　有雄厚现金实力的企业会越来越好……………108
　　自由现金流代表着真金白银……………………110
　　伟大的公司必须现金流充沛……………………111
　　有没有利润上交是不一样的……………………113
　　资金分配实质上是最重要的管理行为…………114
　　现金流不能只看账面数字………………………115
　　利用政府的自由现金流盈利……………………117

## 第五章　巴菲特教你挑选股票

第一节　宏观经济与股市互为晴雨表……………119
　　利率变动对股市的影响…………………………119
　　通货膨胀对股市的双重影响……………………121
　　经济政策对股市的影响…………………………123
　　汇率变动对股市的影响…………………………125
　　经济周期对股市的影响…………………………127
　　上市公司所属行业对股价的影响………………129

第二节　选择成长股的5项标准……………………131
　　盈利才是硬道理…………………………………131
　　选择能持续获利的股票…………………………132
　　选择安全的股票…………………………………134
　　发掘高成长性的股票……………………………136
　　成长股的盈利估计………………………………137

第三节　挑选经营业务容易了解的公司股票……139
　　业务是企业发展的根本…………………………139

不要超越自己的能力圈边界 …………………… 140
业务内容首先要简单易懂 ……………………… 141
过于复杂的业务内容只会加重你的风险 ………… 142
你要能了解它的新型业务 ……………………… 144

## 第六章 巴菲特教你如何防范风险

第一节 巴菲特规避风险的 6 项法则 ……………… 145
面对股市，不要想着一夜暴富 ………………… 145
遇风险不可测则速退不犹豫 …………………… 146
特别优先股保护 ………………………………… 148
等待最佳投资机会 ……………………………… 149
运用安全边际实现买价零风险 ………………… 151
巴菲特神奇的"15% 法则" …………………… 152

第二节 巴菲特提醒你的投资误区 …………………… 154
警惕投资多元化陷阱 …………………………… 154
研究股票而不是主力动向 ……………………… 156
"价值投资"的误区 …………………………… 157
炒股切忌心浮气躁 ……………………………… 159
没有完美制度 …………………………………… 161
买贵也是一种买错 ……………………………… 162
没有制定适当的投资策略 ……………………… 163
钱少就不做长期投资 …………………………… 165
避免陷入长期持股的盲区 ……………………… 166
拒绝旅鼠般地盲目投资 ………………………… 168
慎对权威和内部消息 …………………………… 170
对于金钱要有储蓄意识 ………………………… 171
避免陷入分析的沼泽 …………………………… 173

巴菲特前25年所犯下的错误 …………………… 175

## 第七章 巴菲特的投资实录

第一节　可口可乐公司 …………………………… 177
　　　　投资13亿美元，盈利70亿美元 …………… 177
　　　　独一无二的饮料配方 ……………………… 179
　　　　120年的成长历程 ………………………… 181
　　　　载入吉尼斯纪录的超级销量 ……………… 184
　　　　无法撼动的知名品牌 ……………………… 185

第二节　美国运通公司 …………………………… 186
　　　　投资14.7亿美元，盈利70.76亿美元 ……… 186
　　　　125年历史的金融企业 …………………… 187
　　　　重振运通的哈维·格鲁伯 ………………… 191
　　　　高端客户创造高利润 ……………………… 192
　　　　高度专业化经营创造高盈利 ……………… 193
　　　　优秀经理人创造的超额价值 ……………… 193
　　　　新的管理层创造新的"安全边际" ………… 194

第三节　华盛顿邮报公司 ………………………… 194
　　　　投资0.11亿美元，盈利16.87亿美元 ……… 194
　　　　美国两大报业之一 ………………………… 196
　　　　传统媒体的特许经营权 …………………… 200
　　　　让总统辞职的凯瑟琳·格雷厄姆 ………… 203
　　　　巴菲特提议的最成功的股票回购 ………… 206
　　　　高于报业平均水平两倍的利润率 ………… 209
　　　　1美元留存收益创造1.81美元市值增长 …… 210
　　　　难以置信的超级"安全边际" ……………… 211

# 第一章　巴菲特的价值投资理论

## 第一节　价值投资，黄金量尺

**价值投资本质：寻找价值与价格的差异**

一般来说，采用价值投资法的投资者会用买下整个企业的审慎态度来下单买股票。他在买股票的时候，好比要买下街角的杂货店一样，会询问很多问题：这家店的财务状况怎样？是否存在很多负债？交易价格是否包括了土地和建筑物？未来能否有稳定、强劲的资金收入？能够有怎样的投资回报率？这家店的业务和业绩增长的潜力怎样？如果对以上的问题都有满意的答案，并能以低于未来价值的价格把这家店买入，那么就得到了一个价值投资的标的。

1984年，巴菲特在哥伦比亚大学纪念格雷厄姆与多德合著的《证券分析》出版50周年的庆祝活动中发表演讲时指出，人们在投资领域会发现绝大多数的"掷硬币赢家"都来自于一个极小的智力部落，他称之为"格雷厄姆与多德部落"，这个特殊的智力部落存在着许多持续战胜市场的投资大赢家，这种非常集中的现象绝非"巧合"二字可以解释。"来自'格雷厄姆与多德部落'的投资者共同拥有的智力核心是：寻找企业整体的价值与代表该企业一小部分权益的股票市场价格之间的差异，实质上，他们是在利用两者之间的差异。"

价格和价值之间的关系适用于股票、债券、房地产、艺术品、货币、贵金属，甚至整个美国的经济——事实上所有资产的价值波动都取决于买卖双方对该资产的估价。一旦你理解了这一对应关系，你就具有了超越大多数个人投资者的优势，因为投资者们常常忽略价格与价值之间的差异。

从 20 世纪 20 年代中期到 1999 年，道氏工业指数以年 50% 的复利率（按保留红利计息）增长。而同一时期，30 种道氏工业指数公司的收入增长率为 47%。但是，从账面上看，这些公司的价值年增长率为 46%。两个增长率如此一致并非偶然。

从长期来看，公司股票的市场价值不可能远超其内在价值的增长率。当然，技术进步能够改善公司的效率并能导致短时期内价值的飞越。但是竞争与商业循环的特性决定了公司销售、收入与股票价值之间存在着直接的联系。在繁荣时期，由于公司更好地利用了经济规模效益和固定资产设施，其收益增长可能超越公司的销售增长；而在衰退时期，由于固定成本过高，其公司收益也比销售量下降得更快（此即意味着公司的效率不高）。

但是，在实际操作中，股价似乎远远超过了公司的实际价值或者说预期增长率。实际上，这种现象不可能持续下去，股价与公司价值之间出现的断裂必须得到弥补。

如果理性的投资者拥有充分的信息，股票价格将会长期维持在公司的内在价值水平附近。然而在过热的市场下，当投资者似乎愿意为一只股票支付所有家当的时候，市场价格将被迫偏离其真实价值。华尔街便开始接受这只股票被高估这一非一般性的高增长率，同时忽略了其他长期稳定的趋势。

当把市场运动的趋势放在整个经济背景中去考察时，价格与价值之间的差异就显得极为重要了。投资者绝不能购买那些价格高于公司长期增长率水平的股票，或者说，他们应当对那些价格上涨的幅度超过公司价值增加的幅度的股票敬而远之。尽管精确估计公司的真实价值十分困难，但用以估价的证据仍然能够得到。例如，假若股票价格在某一时期内增长了 50%，而同时期公司收入只有 10% 的增长率，那么股票价值很可能被高估，从而注定只能提供微薄的回报。相反，股票价格下跌而公司收入上升，那么应当仔细地审视收购该股票的机会。如果股票价格直线下降，而价格收入比低于公司预期的增长率，这种现象或许就可以看作是买入的信号，股票价格最终会回归其价值。如果投资人利用价格和价值的差异，在价值被低估时买入股票，那么他将会从中获利。

**价值投资基石：安全边际**

　　安全边际是对投资者自身能力的有限性、股票市场波动的巨大的不确定性以及公司发展的不确定性的一种预防和扣除。有了较大的安全边际，即使我们对公司价值的评估有一定的误差、市场价格在较长的时期内也会仍低于价值，公司发展就是暂时受到挫折，也不会妨碍我们的投资资本的安全性，并能保证我们取得最低限度的满意报酬率。

　　格雷厄姆曾告诉巴菲特两个最重要的投资规则：
　　第一条规则：永远不要亏损。
　　第二条规则：永远不要忘记第一条。
　　巴菲特始终遵循着导师的教诲，坚持"安全边际"的原则，这是巴菲特永不亏损的投资秘诀，也是成功投资的基石。格雷厄姆说："安全边际的概念可以被用来作为试金石，以助于区别投资操作与投机操作。"根据安全边际进行的价值投资，风险更低但收益更高。

　　寻找真正的安全边际可以由数据、理性的推理和很多实际经验得到证明。在正常条件下，为投资而购买的普通股，其安全边际大大超出了现行债券利率的预期获利能力。

　　如果忽视安全边际，即使你买入非常优秀的企业的股票，如果买入价格过高，也很难盈利。

　　即便是对于最好的公司，你也有可能买价过高。买价过高的风险经常会出现，而且实际上现在对于所有股票，包括那些竞争优势未必长期持续的公司股票，这种买价过高的风险已经相当大了。投资者需要清醒地认识到，在一个过热的市场中买入股票，即便是一家特别优秀的公司的股票，可能也要等待很长的一段时间后，公司所能实现的价值才能增长到与投资者支付的股价相当的水平。

安全边际是投资中最为重要的，它能够：

（1）降低投资风险。

（2）降低预测失误的风险。

投资者在买入价格上，如果留有足够的安全边际，不仅能降低因为预测失误而引起的投资风险，而且在预测基本正确的情况下，还可以降低买入成本，在保证本金安全的前提下获取稳定的投资回报。

根据安全边际进行价值投资的投资报酬与风险不成正比而成反比，风险越低往往报酬越高。

在价值投资法中，如果你以60美分买进1美元的纸币，其风险大于以40美分买进1美元的纸币，但后者报酬的期望值却比前者高，以价值为导向的投资组合，其报酬的潜力越高，风险越低。

在1973年，《华盛顿邮报》公司的总市值为8000万美元，你可以将其资产卖给10位买家中的任何一位，而且价格不低于4亿美元，甚至还会更高。该公司拥有《华盛顿邮报》《新闻周刊》以及几家重要的电视台，这些资产目前的价值为20亿美元，因此愿意支付4亿美元的买家并非疯子。现在如果股价继续下跌，该企业的市值就会从8000万美元跌到4000万美元。更低的价格意味着更大的风险，事实上，如果你能够买进好几只价值严重低估的股票，如果你精通于公司估值，那么以8000万美元买入价值4亿美元的资产，尤其是分别以800万美元的价格买进10种价值4000万美元的资产，基本上是毫无风险的。因为你无法直接管理4亿美元的资产，所以你希望能够找到诚实且有能力的管理者，这并不困难。同时你必须具有相应的知识，使你能够大致准确地评估企业的内在价值，但是你不需要很精确地评估数值，这就使你拥有了一个安全边际。你不必试图以8000万美元的价格购买价值8300万美元的企业，但你必须让自己拥有很大的安全边际。

在买入价格上坚持留有一个安全边际。如果计算出一只普通股的价值仅仅略高于它的价格,那么就没有必要对其买入产生兴趣。相信这种"安全边际"原则——格雷厄姆尤其强调这一点——是投资成功的基石。

**价值投资的三角:投资人、市场、公司**

要想成功地进行投资,你不需要懂得有多大市场、现代投资组合理论等,你只需要知道如何评估企业的价值以及如何思考市场的价格就够了。

巴菲特说:"评估一家企业的价值,部分是艺术,部分是科学。"价值投资者需要评估企业价值、思考市场价格。关于价值投资,作为一般投资者,并不一定要学习那些空洞的理论,只需学习公司估价与正确看待市场波动。

巴菲特认为投资者在学习公司估价与正确看待市场波动的同时,必须培养合适的性格,然后用心思考那些你真正下功夫就能充分了解的企业。如果你具有合适的性格,你的股票投资就会做得很好。

成功的投资生涯不需要天才般的智商、非比寻常的经济眼光或是内幕消息,所需要的只是在做出投资决策时的正确思维模式,以及有能力避免情绪破坏理性的思考,你的投资业绩将取决于你倾注在投资中的努力与知识,以及在你的投资生涯中股票市场所展现的愚蠢程度。市场的表现越是愚蠢,善于捕捉机会的投资者的胜率就越大。

综合巴菲特关于价值投资的论述,我们将其总结归纳为价值投资成功的金三角:

(1)培养理性自制的性格。
(2)正确看待市场波动。
(3)合理评估公司价值。

以下我们分三方面来论述价值投资成功的金三角:

1. 如何分析自己，培养理性自制的性格

巴菲特强调投资成功的前提是理性的思维与自制的性格：投资必须是理性的，如果你不能理解它，就不要做。

巴菲特的合作伙伴查理·芒格在斯坦福法学院的演讲中说："在投资中情商远比智商更为重要。做投资你不必是一个天才，但你必须具备合适的性格。"

股票投资者只强调对公司财务数据的数学分析，并不能保证其成功，否则会计师和数学家就是世界上最富有的人了。但过于迷信属于投资艺术的灵感，也很危险，否则艺术大师、诗人、气功大师全都是投资大师了。

投资者在对公司的历史进行分析时，需要保持理性；对公司未来进行预测时需要敏感和直觉。但由于历史分析和未来预测都是由投资人做出的，而投资人在分析预测的过程中面对尽管很多却并不完整的历史信息，以及数量很少、准确性很差的未来预测信息时，每一次投资决策在某种程度上都是一种结果不确定的博弈。投资人的长期业绩取决于一系列的博弈。所以，投资人必须像职业棋手那样具有良好的性格，从而提高决策的稳定性，否则像赌徒那样狂赌，一次重大失误就足以致命。

2. 如何分析市场

态度对市场波动有很大的作用，是因为股票市场的影响力实在是太巨大了，投资者要保持理性的决策是一件非常困难的事情。

正如巴菲特所说："一个投资者必须既具备良好的公司分析能力，同时又必须把他的思想和行为同在市场中肆虐的极易传染的情绪隔绝开来，才有可能取得成功。在我自己与市场情绪保持隔绝的努力中，我发现将格雷厄姆的'市场先生'的故事牢记在心是非常有用的。"

在市场波动的巨大心理影响下，保持理性，是对市场波动有正确的态度和看法的前提。

投资大师们用其一生的投资经验为我们提出了正确看待市场波动的成功经验：

格雷厄姆和巴菲特的忠告:"市场先生"是仆人而非向导。

巴菲特与林奇的警告:股市永远无法准确预测。

巴菲特与林奇投资成功的基本原则:要逆向投资而不是跟随市场。

投资大师对有效市场理论的共同批判:有效市场理论荒唐透顶。

3. 如何评估公司价值

投资者首先要对公司价值进行评估,确定自己准备买入的企业股票的价值是多少,然后跟股票的市场价格进行比较。投资者发现符合其选股标准的目标企业后,不管股价高低随意买入其股票并不能保证他获得利润。公司股票的市场价格如大大低于其对应的内在价值(更准确的应该是"真实价值"或"合理价值"),将会为价值投资人提供很大的安全边际和较大的利润空间。

因此,价值评估是价值投资的前提、基础和核心。巴菲特在伯克希尔公司 1992 年的年报中说:"内在价值是一个非常重要的概念,它为评估投资和企业的相对吸引力提供了唯一的逻辑手段。"

因为股票的价值是公司整体价值的一部分,所以对于股东来说,不考虑股票交易的股票其内在价值评估与公司价值评估其实是完全相同的。价值投资人在进行价值分析时,对于上市公司和自己完全拥有的私有企业的价值评估方法是完全一样的。格雷厄姆指出:"典型的普通股投资者是企业家,对他而言,用和估价自己的私人企业同样的方法来估价任何其他上市公司似乎是理所当然的做法"。价值投资人买入上市公司的股票,实质上相当于拥有一家私有企业的部分股权。在买入股票之前,首先要对这家上市公司的私有企业的市场价值进行评估。

**股市中的价值规律**

股票的价格本质上是由其内在价值决定的。越是成熟的股市,越是注重股票的内在价值。股票的价值越高,相对的股票价格就越大。股票的市场价格会受到供求关系的影响,而围绕价值作上下波动。在一个健康的股市中,股价围绕价值波动的幅度都不大。股票的价格会随着企业的发展而变化,所以这是一个动态的平衡。一般来说,最多两年内可预期的股企效益增长,可列入动态价值考量的范畴中,相对的股价可以高一些。尽管市场短期波动中经常使价格偏离价值,但从长期来说市场偏离价值的股票市场价格具有向价值回归的趋势。

希格尔说:"政治或经济危机可以导致股票偏离其长期的发展方向,但是市场体系的活力能让它们重新返回长期的趋势。或许这就是股票投资收益率为什么能够超越在过去两个世纪中影响全世界的政治、经济和社会的异常变化而保持稳定性的原因。"

价值投资之所以能够持续地战胜市场,根本原因就在于其对价值规律的合理利用。投资者利用短期内价格与价值的偏离,以低价买入目标股票,形成理想的安全边际,利用长期内价格向价值的回归,以更高的价格卖出自己以前低价买入的股票,从而获取巨大的投资利润。

格雷厄姆在《证券分析》中指出:"当证券分析家在寻找那些价值被低估或高估的证券时,他们就更关心市场价格了。因为此时他的最终判断很大程度上必须根据证券的市场价格来做出。这种分析工作有以下两个前提:第一,市场价格经常偏离证券的实际价值;第二,当发生这种偏离时,市场中会出现自我纠正的趋势。"

格雷厄姆认为,内在价值是影响股票市场价格的两大重要因素之一,另一个因素即投机因素,价值因素与投机因素的交互作用使股票市场价格围绕股票的内在价值不停地波动,价值因素只能部分地影响市场价格。价值因素是由公司经营的客观因素决定的,并不能直接被市场或交易者发现,这需要通过大量的分析才能在一定程度上近似地确定,通过投资者的感觉和决定,间接地影响市场价格。由于价值规律的作用,市场价格经常偏离其内在价值。

分析格雷厄姆关于价值投资的论述，我们会发现，格雷厄姆价值投资的基本思想是对股票市场价值规律的合理利用。

格雷厄姆将价值投资成功的根本原因归于股票价格波动形成的投资机会："从根本上讲，价格波动对真正的投资者有一个重要意义：当价格大幅下跌后，提供给投资者低价买入的机会；当价格大幅上涨后，提供给投资者高价卖出的机会。"

股市总是特别偏爱投资于估值过低股票的投资者。首先，股市几乎在任何时候都会生成大量的真正估值过低的股票以供投资者选择。然后，在其被忽视且朝投资者所期望的价值相反运行相当长时间以检验他的坚定性之后，在大多数情况下，市场总会将其价格提高到和其代表的价值相符的水平。投资者利用市场中的价值规律来获取最终利润。

200多年的股市历史表明，受价值规律的影响，股票价格会围绕股票价值上下波动，不过股票市场的波动更加激烈。这是因为：

（1）金融证券的价格受一些影响深远但又变幻莫测的因素支配。格雷厄姆形象地把这种影响证券价格波动的非人力因素称为"市场先生"。而"市场先生"每天都现身来买卖金融资产，他是一个奇怪的家伙，他根据各种各样难以预料的情绪波动，使价格落在他所愿意成交的位置上。

（2）尽管金融资产的市场价格涨落不定，但许多资产具有相对稳定的基础经济价值。训练有素且勤勉的投资者能够精确合理地衡量这一基础经济价值。证券的内在价值与当前的交易价格通常是不对等的。

（3）在证券的市场价格明显低于计算所得的内在价值时购买证券，最终必将产生超额的回报。理论上价值和价格之间的差距约等于基础价值的1/2，而且至少不低于基础价值的1/3。最终的收益可能更大，而且更重要的是非常安全。

作为投资者必须明白的一点是，有些优秀的公司，因为受众人所爱，所以本益比不会很低。因此，对于投资者来说，只要一家公司一直都在快速而又稳定地成长，那么30~40倍的本益比也未必过分。

因此，投资者在分析优秀公司时，应该翻查有史以来有关公司的本益比资料，然后在股市低迷的时候，看看这家公司的本益比是不是已经跌入前所未有的境地。

**价值投资能持续战胜市场**

作为投资者，在投资中，你付出的是价格，而得到的是价值，不需要考虑那些单个股票的价格周期及整个市场的波动。市场周期绝不是影响投资者选择股票的重要因素，当股价处在高位时，你更难以发现那些被市场低估的股票，因为此时大多数股票价格偏高；而当市场处在低迷时，你的选择余地会更多，因为此时大多数企业价值被低估，你就有了更多的选择。

巴菲特说："每个价值投资的投资业绩都来自于利用企业股票市场价格与其内在价值之间的差异。"价值投资以高收益和低风险持续战胜市场。

从格雷厄姆1934年出版《证券分析》一书提出价值投资以后，70多年来，证券市场不断发展壮大，已经发生了巨大的变化，那么，价值投资在这70年期间一直有效吗？答案是：有效，而且非常有效，甚至可以说价值投资是唯一能够持续战胜市场的投资策略。

价值投资的实践也证明，基于安全边际的价值投资能够取得超出市场平均水平的投资业绩，而且这种超额收益并非来自于高风险，相反，价值投资策略的相对风险更小。

巴菲特关于价值投资的收益更高、风险更低的说法，根据一些财务指标与股票价格的比率分析（价格与收益比、价格与账面值比、价格与现金流量比等）表明，投资于低市盈率、低股价股利收入比率、低股价现金流比率股票，能够取得超额的投资利润。这些指标尽管并不能直接表示安全边际的大小，但可以间接证明比率较低的公司股票相对于比率较高的公司股票可能被低估，所以，相对而言具有较大的安全边际。因此，这为普通投资者采用价值投资策略提供了更多的依据。

价值投资者利用价格与价值的偏离，以低价买入目标股票，以更高的价格卖出自己以前低价买入的股票。那么，价值投资原理为什么有效呢？也就是说，股票市场中价格与价值为什么会这样波动呢？在股票市场中，价格为什么会经常偏离价值，而且在价格偏离价值后，经过相当长的时间后，价格会向价值回归呢？这是所有价值投资人都必须思考的最重要的问题。因为认识市场的波动规律，对于投资人战胜市场具有非常重大的意义。

实际上，价值投资能持续战胜市场的关键在于股市波动，合理利用价值规律。巴菲特回忆在为格雷厄姆—纽曼公司工作时，他问他的老板格雷厄姆：当一家股票的价值被市场低估时，作为投资者如何才能确定它最终将升值呢？格雷厄姆只是耸耸肩，回答说："市场最终总是会这么做的……从短期来看，市场是一台投票机；但从长期来看，它是一台称重机。"

在当今社会，价值投资越来越引起人们的关注，但真正这样做的人并不多。因为价值投资的概念虽然不难懂，但人们却很难真正这样实践，因为它与人性中的某些惯性作用是相抵触的。投资者习惯了"旅鼠式"的行动，如果让他们脱离原有的群体，是非常不容易的。就像巴菲特所指出的那样："在我进入投资领域三十多年的亲身经历中，还没有发现运用价值投资原则的趋势。看来，人性中总是有某种不良成分，它喜欢将简单的事情复杂化。"

对投资者来说，重要的不是理解别人的投资理念，而是懂得在实践中如何运用它。

作为普通投资者，在买入价格上留有足够的安全边际，不仅能降低因为预测失误而引起的投资风险，而且在预测基本正确的情况下，还可以降低买入成本，在保证本金安全的前提下获取稳定的投资回报。

## 第二节　评估一只股票的价值

**股本收益率高的公司**

公司的股本收益率走势和未来盈利走势之间存在着某种相关的关系。如果年度股本收益率上升，盈利率也应该同样上升。如果股本收益率的走势稳定，那么盈利率的走势就很可能会同样稳定，并且具有更高的可预见性。

作为投资者，如果你能估计公司未来的股本收益率，那么你就可以估计股本价值在年度间的增长。并且，如果你能估计股本价值的增长，你就能合理地预测取得每年年终股本价值所需的盈利水平。

巴菲特说："当股价走到了相对于其盈利增长以及股本收益率具有吸引力的水平时，才应当购买。"这是取得成功的一个要诀。

作为一个股票持有者，应该把注意力集中在具有高水平股本收益率的公司上，因为股票业绩指标直接关系到你的钱包。你应该主要关心投资收益，或者从股票中获得的现金流。你得到过股息吗？股票价格上升了吗？你的总收益率是多少？

投资收益在对公司进行分析时发挥着一个重要作用，它把股票价格和股票价值置于一个恰当的关系之中。许多投资者都把注意力集中在公司的过去及预测的盈利增长上。即使顶尖的分析师们一般也非常关注盈亏底线的增长，把其作为衡量成功的标准。然而，一个公司使投资者的资本获得高收益的能力，对于长期增长同样是至关重要的。

在某些方面，投资收益是衡量公司表现的一个更加重要的尺度，因为公司可以借助众多的手段来改变它们的会计利润。

股票投资者的收益包括股息支付加上投资者在股票持有期

内所经历的股票价格的上升部分（减去下降部分）。市场只关注股票持有者的年收益，通常用收入或者损失的百分比来表示，并且通常以日历纪年为基准期来计算收益。股票持有者的收益指的是年收益，等于股息与股票价格净变化的和除以股票的初始价格：

股票持有者收益率=（股息+股票价格变动）/股票初始价格

例如，如果一只股票的年初价格是100美元，随后的一年中发放1美元的股息，年终股票价格是109美元，其持有者的收益率就等于（1+9）/100=10%。这个计算并不复杂。

股票市场可能因为宏观经济问题而出现下降，诸如较高的利率、较低的盈利预测、通货膨胀或紧缩恐慌、地缘政治情况，比如中东关系恶化、俄罗斯货币危机或者卡斯特罗的健康好转等。这种市场的下跌力量可能会推动你的股票一起下跌，公司管理层对股票价格的反向运动也无能为力。所以即便公司的运营和盈利前景都非常良好，但股票持有者的收益率也可能是负数。

相反，在公司的运营非常普通或者糟糕的时候，股票持有者的收益率可能非常好。股票市场可能因为某种积极的经济事件而上扬，比如：一次大罢工事件的妥善解决或者减少了通货膨胀的恐慌。糟糕的公司运营状况可能会使公司进入被收购的候选名单，股票价格的上升可能是对这个公司的股票收购要约的结果。例如，1997年，所罗门兄弟公司在交易中遭受了严重损失，导致旅游者集团旗下的史密斯—巴尼公司以远高于当时市价的溢价水平收购了所罗门公司。

当一家公司取得了高水平的股本收益率时，表明它在运用股东们提供的资产时富有效率。因此，公司就会以很快的速度提高股本价值，由此也使股价获得了一个同样快速地增长。

股本收益有没有一个标准呢？

标准普尔500指数代表的公司的股票收益，在20世纪的大部分时间里，平均水平在10%～15%之间，然而到90年代却急剧增长。到90年代末，公司的股东收益超过了20%。考虑到这是500家公司的平均水平，20%的水平确实是一个惊人的速度。在90年代，许多技术公司的股本收益都持续超过了30%。许多生产消费品的公司，如可口可乐、菲利浦·莫里斯，以及某些制药公司，如华纳·兰伯特（Wamer Lambert）、艾博特实验室，还有默克公司，它们的股本收益都超过了30%。由于公司为股东持有的股票（或者账面价值）创造了如此高的收益，投资者们愿意为其股票支付一个相对于账面价值来说很高的溢价。在20世纪的大部分时间里，股票价格一般为股本价值的1～2倍，而这些公司的平均股票价格到1999年后期却超过了股本价值的6倍。

但是1999年之前，巴菲特开始质疑公司能否以超过20%的速度持续地提高股本收益。他认为如果他们不能做到，股价就不应该达到6倍于股东价值的水平。历史证实了巴菲特的判断。在90年代，美国公司不再慷慨地分派红利，而是越来越多地保留了当年的盈利。此外，美国经济似乎只能维持一个3%～4%的年增长率，在这些条件下，公司无限期地保持一个20%的股本收益的增长速度几乎是不可能的，必须达到一个超过20%的年盈利的增长速度，才能使股本收益以20%的速度增长——这是不可能的，除非经济增长速度每年远远超过10%。

但巴菲特也确信，公司能够创造并维持高水平的股本收益率是可遇而不可求的，这样的事情实在是太少了。因为当公司的规模扩大时，维持高水平的股本收益率是极其困难的事情。事实上，许多最大的、最有希望的美国公司——其中包括通用电气、微软、沃尔玛以及思科系统，由于规模扩大，几年来股本收益率一直在稳定下降。这些公司发现当股本价值仅为10亿美元时，赚取足够的利润使股本收益率记录达到30%是很容易的事情。现在，比如说，当股本达到100亿或者200亿美元时，公司要维持一个30%的股本收益率是极其困难的。

### 利用"总体盈余"法进行估算

每股盈余是指税后利润与发行在外的普通股数的比率，反映普通股股东所持股份中每股应分享的利润。显然，这一比率越高越好，比率越高，每一股可得的利润就越多，股东投资收益就越好；反之就越差。其计算公式如下：每股盈余＝税后纯益－特别股股利发行在外的普通股股数。每股盈余弥补了股东仅知道每股所获得的股利而不了解盈利的全面情况的这一不足。同时，这一指标也直接关系到股票价格的升跌。

巴菲特说："在这个巨大的交易舞台中，我们的任务就是寻找这类企业：它的盈利状况可以使每一美元的留存收益至少能转化为一美元的市场价值。"每位投资者的目标就是建立可以在未来很多年还能产生总体盈余最高的投资组合。

当巴菲特考虑准备进行一项新的投资时，他会先与已经拥有了的投资进行比较，看新的投资是否会表现得更好。伯克希尔公司已经拥有一个完备的评估体系来衡量新投资案，因为它过去已经积累了许多不错的投资案可供比较。对于普通投资者来说，最好的评估指标就是自己已经拥有的投资案。如果新投资案的未来潜在表现还不如你已经拥有的那一个好，就表明它还没有达到你的投资门槛，以此方法可以有99%的把握检验出你目前所看到的投资案的价值。为了了解公司股票的投资价值，巴菲特经常利用"总体盈余"法进行估算。

伯克希尔公司的总体盈余是该公司及其转投资公司营运盈余的总和，加上投资股票巨大的保留盈余，以及该公司在保留盈余没有派发股息的情形下必须付出的税金预提部分。许多年来，伯克希尔公司的保留盈余来自于惊人的股票投资报酬，包括可口可乐、联邦房屋贷款公司、吉列剃须刀公司、《华盛顿邮报》以及其他不错的公司。到1997年，公司保留了惊人的数额盈余。不过根据现在一般的会计原则，伯克希尔公司还不能在损益表中公布其每股保留盈余。尽管如此，巴菲特指出，保留盈余还是有其明显的衡量价值的。

总体盈余法为价值投资者检验投资组合提供了一个指标。从1965年巴菲特领导伯克希尔公司以来，该公司的总体盈余一直与公司的股票价格同步增长。但是有的时候盈余会比价格先反映出来,尤其是当格雷厄姆口中的"市场先生"表现得较为低迷的时候。同样,有时价格又比盈余先反映出来。但是无论如何,彼此的关联性必须经过一个较长的时期才会得到应有的反映。巴菲特说:"这种方式会迫使投资人思考标的公司的长期远景,而不只是炒作短线题材,如此操作,成绩才会有大进步。"

作为一般投资者,在对未来的盈余状况进行评估时,应当首先研究过去。许多投资实践表明,一个公司增长的历史记录是其未来走向的最可靠的指示器。这种思路可以帮助你了解你所研究的对象,它是一个像默克那样的稳定增长的公司,还是一个像英科那样的高负债的周期性增长的公司。

可是,在数千家上市公司中,仅有一小部分实现了这样的稳定程度。其中包括艾博特实验室、默克公司、菲利浦·莫里斯、麦当劳、可口可乐、埃默森电气、自动数据处理以及沃尔格林公司。如果你绘制了这些公司多年来的利润增长图表,你就会发现一个几乎连续的趋势——无论在经济走强还是走弱时,利润都在按一个稳定的比率增长着。能在相当长的时期内保持这样稳定水平的公司极有可能在将来做得同样好。

投资者们经常会犯这样的错误:他们对公司增长水平的推断超越了公司真实的增长率,并且他们假定一家公司能够突然地与过去一刀两断。实际上,你应当预期到一个相反的结果:或早或晚,公司的总体盈余最终会降下来,因为寻找新的市场、不断扩大销售,会变得更加困难。

**利用现金流量进行评估**

自由现金流量贴现模型是理论上最严密、实践中最完善的公司价值评估模型,它完全适用于持续竞争的优秀企业。

巴菲特说:"内在价值是一个非常重要的概念,它为评估投资和企业的相对吸引力提供了唯一的逻辑手段。内在价值的定义很简单,它是一家企业在其余下的寿命中可以产生的现金流量的贴现值。"没有准确的价值评估,巴菲特也无法确定应该以什么价格买入股票才划算。他认为现金流量是进行价值评估的最好方法。

要进行准确的价值评估,必须做好以下 3 种正确的选择:选择正确的估值模型——现金流量贴现模型;选择正确的现金流量定义和贴现率标准;选择正确的公司未来长期现金流量的预测方法。

1. 选择正确的估值模型——现金流量贴现模型

准确进行价值评估的第一步是选择正确的估值模型。巴菲特认为,唯一正确的内在价值评估模型是 1942 年约翰·伯尔·威廉姆斯提出的现金流量贴现模型:

"在写于 50 年前的《投资价值理论》中,约翰·伯尔·威廉姆斯提出了价值计算的数学公式,这里我们将其精练为:今天任何股票、债券或公司的价值,取决于在资产的整个剩余使用寿命期间预期能够产生的、以适当的利率贴现的现金流入和流出。请注意这个公式对股票和债券来说完全相同。尽管如此,但两者之间有一个非常重要的,也是很难对付的差别:债券有一个息票(coupon)和到期日,从而可以确定未来现金流。而对于股票投资,投资分析师则必须自己估计未来的'息票'。另外,管理人员的能力和水平对于债券'息票'的影响甚少,主要是在管理人员如此无能或不诚实以至于暂停支付债券利息的时候才有影响。与债券相反,股份公司管理人员的能力对股权的'息票'有巨大的影响。"

其实,关于股票的价值评估方法有很多种,那么,巴菲特为什么认为现金流量贴现模型是唯一正确的估值模型呢?

只有现金流量贴现模型,才能比较准确地评估具有持续竞争优势的企业的内在价值。

而且它是最严密、最完善的估值模型。这是因为:

(1)该模型是在对构成公司价值的业务的各个组成部分创造的价值进行评估的基础上计算公司的权益价值。这样可以使投资者明确和全面了解公司价值的来源、每项业务的情况及价值创造的能力。

（2）公司自由现金流量的多少反映了竞争优势水平的高低，产生自由现金流量的期限与竞争优势持续期相一致，资本成本的高低也反映了竞争中投资风险的高低。

（3）该模型非常精密，能处理大多数复杂的情况。

（4）该模型与多数公司熟悉的资本预算的编制过程相一致，计算也比较简单，易于操作。

#### 2. 选择正确的现金流量定义和贴现率标准

准确进行价值评估的第二步是选择正确的现金流量定义和贴现率标准。

巴菲特认为："今天任何股票、债券或公司的价值，取决于在资产的整个剩余使用寿命期间预期能够产生的，以适当的利率贴现的现金流入和流出。"也许你会因此认为巴菲特使用的内在价值评估模型与我们在财务管理课程中学习的现金流量贴现模型完全相同。实际上二者具有根本的不同。

巴菲特认为通常采用的"现金流量等于报告收益减去非现金费用"的定义并不完全正确，因为这忽略了企业用于维护长期竞争地位的资本性支出。

巴菲特并没有采用加权平均资本作为贴现率，而采用长期国债利率，这是因为他选择的企业具有长期持续竞争的优势。

#### 3. 选择正确的公司未来长期现金流量的预测方法

可以肯定的是，投资人要得出一个证据充分的正确结论，需要对公司的经营情况有大致的了解，并且需要具备独立思考的能力。但是，投资者既不需要具备什么出众的天才，也不需要具备超人的直觉。很多时候，即使是最聪明的投资人都没有办法提出确凿的证据，即使是在最宽松的假设下仍是如此，这种不确定性在考察新成立的企业或是快速变化的产业时经常发生。在这种非常不确定的情况下，任何规模的投资都属于投机。

正是基于这些原因，巴菲特认为，防止估计未来现金流量出错有两个保守却可行的办法：能力圈原则与安全边际原则。"尽管用来评估股票价值的公式并不复杂,但分析师,即使是经验丰富且聪明智慧的分析师在估计未来现金流时也很容易出错。在伯克希尔,我们采用两种方法来对付这个问题。第一,我们努力固守于我们相信我们可以了解的公司。这意味着他们的业务本身通常具有相当简单且稳定的特点,如果企业很复杂而产业环境也不断在变化,那么,我们就实在是没有足够的聪明才智去预测其未来现金流量了,碰巧的是,这个缺点一点也不会让我们感到困扰。对于大多数投资者而言,重要的不是他们到底知道什么,而是他们真正明白自己到底不知道什么。只要能够尽量避免犯重大的错误,那么投资人只需要做很少的几件正确的事情就足可以保证盈利了。第二,亦是同等重要的,我们强调在我们的买入价格上留有安全边际。如果我们计算出一只普通股的价值仅仅略高于它的价格,那么,我们不会对其买入产生兴趣。"

总的说来,利用现金流量进行评估是股票价值评估中非常重要的参数,其选择是否恰当将对评估结果和投资判断产生巨大的影响。巴菲特之所以认为利用现金流量评估是简单有效的,这是因为:

(1)巴菲特把一切股票投资都放在与债券收益的相互关系之中来看待。如果他在股票上无法得到超过债券的潜在收益率,那么,他会选择购买债券。因此,他的公司定价的第一层筛选方法就是设定一个门槛收益率,即公司权益投资收益率必须能够达到政府债券的收益率。

(2)巴菲特并没有浪费精力试图去为他研究的股票分别设定一个合适的、唯一的贴现率。每个企业的贴现率(资本成本)是动态的,它们随着利率、利润估计、股票的稳定性以及公司财务结构的变化而不断变动。对一只股票的定价结果,与其做出分析时的各种条件紧密相关。但是两天之后,可能会出现新的情况,迫使一个分析家改变贴现率,并对公司做出不同的定价。为了避免不断地修改模型,巴菲特总是很严格地保持他的定价参数的一致性。

（3）如果一个企业没有任何商业风险，那么，他的未来盈利就是完全可以预测的。在巴菲特眼里，可口可乐、吉列等优秀公司的股票就如同政府债券一样毫无风险，因此，应该采用一个与国债利率相同的贴现率。

**运用概率估值**

用概率来思考，不管是主观概率还是客观概率，都使投资者对所要购入的股票进行清醒和理智地思索。

巴菲特说："用亏损概率乘以可能亏损的数量，再用收益概率乘以可能收益的数量，最后用后者减去前者。这就是我们一直试图运用的方法。"

在投资中，概率的运用提高了预测的准确性，降低了投资的风险。

如果我们说股票市场是一个无定律的世界，那么此话就过于简单了。在这个世界上成千上万的力量结合在一起，才产生出了各种股票价格，这些力量随时都处于变动状态，任何一股力量对股票价格都会产生影响，而没有任何一股力量是可以被准确地预测出来的。投资人的工作就是正确评估各种股票价格变化的可能性，判断股票价格变化带来的损失与收益，并从中选择最具有投资价值的股票。

不管投资者自己是否意识到了，几乎所有的投资决策都是概率的运用。巴菲特的投资决策也应用了概率论，并巧妙地加进了自己的理解。

巴菲特说："先把可能损失的概率乘以可能损失的量，再把可能获利的概率乘以可能获利的量，然后两者比较。虽然这种方法并不完美，但我们尽力而为。"

要把概率理论应用到实际的投资当中去，还需要对数字计算的方法有更深刻的理解。

掷硬币猜中头像一面的概率为 1/2，这意味着什么呢？或者说掷骰子单数出现的概率为 1/2，这又是什么意思呢？如果一个盒子里装有 70 个绿色大理石球，30 个蓝色大理石球，为什么蓝色大理石球被捡出的概率为 3/10。上面所有的例子在概率发生事件中均被称为频率分析，它是基于平均数的法则。

如果一件不确定事件被重复无数次，事件发生的频数就会被反映在概率中。如果我们掷硬币 10 万次，预计出现的头像次数是 5 万次。注意并不是"它将等于 5 万次"。按无限量大的原理只有当这个行为被重复无数次时，它的相对频数与概率才趋向于相等。从理论上讲，我们知道投掷硬币得到"头像"这一面的概率是 1/2，但我们永远不能说两面出现的概率相等，除非硬币被掷无数次。

澄清投资与概率论之间联系的一个有用例证是风险套购的做法。

根据《杰出投资家文摘》的报道，巴菲特对风险套购的看法与斯坦福商学院的学生的看法是相同的。巴菲特解释道："我已经做了 40 年的风险套购，我的老板格雷厄姆在我之前也做了 30 年。"风险套购从纯粹意义上讲，不过是从两地不同市场所报的证券差价中套利的做法。比方说，同种商品和货币在全世界不同的市场上报价，如果两地市场对同种商品的报价不同，你可以在这个市场上买入，在另一个市场上卖出，并将这其中的差额部分装入自己的腰包。

风险套购已成为目前金融领域普遍采用的做法，它也包括对已宣布购并的企业进行套购。但巴菲特说："我的职责是分析这些（已宣布购并）事件实际发生的概率，并计算损益比率。"

巴菲特经常运用主观概率的方法来解释自己的决策过程。他说："如果我认为这个事件有 90% 的可能性发生，它的上扬幅度就是 3 美元，同时它就有 10% 的可能性不发生，它下挫的幅度是 9 美元。用预期收益的 27 美元减去预期亏损的 9 美元就得出 18 美元（3×90%-9×10%=18）的数学预期收益。"

接下来，巴菲特认为必须考虑时间跨度，并将这笔投资的收益与其他可行的投资回报相比较。如果你以每股 27 美元的价格购买阿伯特公司的股票，按照巴菲特的计算，潜在收益率为

66%（18美元除以27美元）。如果交易有望在6个月内实现，那么投资的年收益率就是132%。巴菲特将会把这个风险套购收益率同其他风险投资收益率进行比较。

通常，风险套购会隐含着潜在损失。巴菲特承认："拿套利作为例子，其实我们就算在获利率非常确定的购并交易案中亏损也无所谓，但是我们不愿意随便抓住一些预期损失概率很大的投资机会。为此，我们希望计算出预期的获利概率，从而能真正成为决定是否投资此标的的唯一依据。"

由以上我们可以看出，巴菲特在风险套利的概率评估上是相当主观的。风险套利并无实际获利频率可言，因为每一次交易都不同，每一种情况都需要做出不同的独立评估。但即使如此，理性的数学计算仍能显示出风险套利交易的获利期望值的高低。

从以上我们可以总结出如何在投资中运用概率论：

（1）计算概率。

（2）根据新的信息调整概率。

（3）随着概率的上升，投资数量也应加大。

（4）只有当成功的概率完全对你有利时才投资。

不管投资者自己是否意识到了，几乎所有的投资决策都是概率的应用。为了成功地应用概率原理，关键的一步是要将历史数据与最近可得的数据相结合。

但是，也有投资者认为，巴菲特的投资战略之所以有效是因为他有这个能力，而对那些没有这种数学能力的一般投资者，这个战略就无效。实际上这是不对的。实施巴菲特的投资战略并不需要投资者学习高深的数学。《杰出投资家文摘》报道在南加州大学所做的演讲中，蒙格解释道："这是简单的代数问题，学起来并不难。难的是在你的日常生活中几乎每天都应用它。费马·帕斯卡定理与世界的运转方式是完全协调的。它是基本的事实，所以我们必须掌握这一技巧。"

那么，我们在投资中努力学习概率论是否值得呢？答案是肯定的。因为巴菲特的成功就与其概率计算能力有密切的联系。假如投资者也能学会从概率的角度思考问题，那么就会踏上获利之路，并能从自身的经验中吸取教训。

## 股价对价值的背离总会过去

投资者在投资过程中需要注意的是，无论股价怎么波动，你需要真正关心的是投资目标的内在价值。即使在股价处于高位的时候，只要在股价大大低于其内在价值的情况下，仍然可以进行投资；相反，如果股价处于低位，但是股价已经高于其内在价值，那么这仍然是不值得投资的。

在股市中，最常见的就是股价的波动。有时候面对的明明是一家很好的公司，但是股价却一直在价格的低位盘旋，导致很多投资者忍痛割爱，止损出局。事实上，巴菲特对这种情况的看法是：股价的波动是一件好事。因为股价的背离只是一种短暂的表现形式，从长期的角度来看，股价是不可能背离其内在价值的。

举个例子来说，巴菲特投资水果织机公司的时候，就是在该公司宣布破产的时候，当时伯克希尔公司是以差不多面额一半的价格买入了该公司的债券和银行的债券。要知道，这起破产案是十分特殊的，因为该公司虽然已宣布破产保护，可是即便是这个时候，它也没有停止支付有担保债券的利息，这样就使得伯克希尔公司每年依然能够得到15%的收益。到了2001年的时候，伯克希尔公司仍然拥有该公司10%的有担保债权。不难看出，巴菲特的做法和普通的投资者的做法是有很大区别的。当时以本金面额50%买入后，即使在20%左右卖出，这笔投资也已经获得了40%的获利回报。如果再加上每年的15%左右的利息回报，伯克希尔公司获得的回报就已经相当可观了。

另外，一个更加典型的案例是，从2000年年末开始，巴菲特就陆续购进了Finova公司的债权。其实当时这家财务金融公司已经发生了一些问题，流通在外的美元债券价格高达110亿美元，已经下跌到面额的2/3左右，伯克希尔公司就在这个价格买入了其中约13%的债权。巴菲特选择该公司的理由是，该公司凶多吉少、难逃破产命运。但即使如此，该公司的净资产仍然摆在那里。伯克希尔公司从中回收的资金也会超过2/3面额的水平。即使该公司发生了最坏的状况，仍然是可以获利的。

当然，与普通投资者的投资行为不同的是，由于伯克希尔公司总是动不动地就去取得被收购公司的控股权，所以，相比之下，普通投资者并不具备如巴菲特的话语权，这最终会影响到投资收益回报的高低。

有人问格雷厄姆是什么力量使价格最终回归于价值呢？格雷厄姆回答说："这正是我们行业的一个神秘之处，对我和其他任何人而言，也一样神奇。但我们从经验上知道，最终市场会使股价回归于价值。"

股票市场和商品市场一样，同样遵循价值规律，股价短期波动很剧烈，经常偏离其价值，但是价格围绕价值波动，从长期来看，股价最终会回归于价值。巴菲特说："股价波动是根本无法预测的。"其实他说的是短期波动。从长期来看，股价波动完全可以预测，因为股价对价值的背离总会过去，最终会回归于价值。

# 第二章　巴菲特的集中投资策略

## 第一节　最高规则聚集于市场之中

**让"市场先生"为你所用**

在今天看来,"市场先生"的寓言已经过时了,但是目前市场上仍然有大多数职业选手和学术人士在谈论有效的市场、动态套期保值和估值。他们对这些事情相当地感兴趣,是因为裹着神秘面纱的投资技巧显然对投资建议提供者有利。然而对于那些喜欢听取投资建议的投资者来说,市场秘籍的价值却是另外一回事。对一家企业进行良好的判断,将思想和行为同围绕在市场中的极易传染的情绪隔绝开来,就会让一个投资者成功。务必记住的准则是:"市场先生"是为你服务的,不要把他当成你的向导。

股市由几千万股民构成,在这场竞局中,自己账户之外的每一个人都是自己的对手。面对如此众多的对手,自己未免拔剑四顾心茫然,故必须对股市竞局的局面进行简化,把多方竞局简化为少数的几方。

股神沃伦·巴菲特曾经举过一个市场先生的例子:设想你在与一个叫"市场先生"的人进行股票交易,每天"市场先生"一定会提出一个他乐意购买你的股票或将他的股票卖给你的价格。"市场先生"的情绪很不稳定,因此,在有些日子"市场先生"很快活,只看到眼前美好的景象,这时他就会报出很高的价格。其他日子,"市场先生"却相当懊丧,只看到眼前的困难,报出的价格很低。另外"市场先生"还有一个可爱的特点,就是他不介意被人冷落，如果他所说的话被人忽略了，他明天还会回来同时提出他的新报价。"市场先生"对我们有用的是他口袋中的报价，而不是他的智慧。如果"市场先生"看起来不太正常，你就可以忽视他或者利用他这个弱点，但是如果你完全被他控制，后果将不堪设想。

虽然沃伦·巴菲特是以投资著称于世的，但他实际上是一个深谙股市博弈之道的人，他很清晰地阐述了按博弈观点考虑问题的思路。他的模型把股市竞局简化到了最简单的程度——一场他和"市场先生"两个人之间的博弈。局面非常简单，巴菲特要想赢，就要想办法让"市场先生"输。那么巴菲特是怎样令"市场先生"输掉的呢？他先摸透了"市场先生"的脾气，他知道"市场先生"的情绪不稳定，他会在情绪的左右下做出很多错误的事，这种错误是可以预期的，它必然会发生，因为这是由"市场先生"的性格所决定的。巴菲特在一边冷静地看着"市场先生"的表演，等着他犯错误，由于他知道"市场先生"一定会犯错误，所以他很有耐心地等待着，就像我们知道天气变好后飞机就会起飞，于是我们可以一边看书一边喝着咖啡在机场耐心地等待一样。所以，巴菲特战胜"市场先生"靠的是洞悉"市场先生"的性格弱点。所谓"市场先生"，就是除自己之外，所有股民的总和。巴菲特洞悉了"市场先生"的弱点，其实也就是洞悉了股民群体的弱点。

在巴菲特面前，"市场先生"就像个蹩脚的滑稽演员，徒劳地使出一个又一个噱头，却引不起观众的笑声，帽子举在空中不仅没有收到钱，反倒连帽子也被一块抢走了。但"市场先生"决非蹩脚的演员，他的这些表演并非无的放矢，其实这正是他战胜对手的手段。"市场先生"战胜对手的办法是感染。因为巴菲特过于冷静，所以"市场先生"的表演在他面前无效，反倒在表演过程中把弱点暴露给了他。但对别的股民来说，"市场先生"的这一手是非常厉害的，多数人都会不自觉地受到它的感染而变得比"市场先生"更情绪化。这样一来，主动权就跑到了"市场先生"手里，输家就不再是"市场先生"了。这就是"市场先生"的策略。

"市场先生"的策略是有一定冒险性的，因为要想感染别人，自己首先必须被感染，要想让别人疯狂起来，自己首先必须疯狂起来，这是一切感染力的作用规律，所以"市场先生"的表现必然是情绪化的。那些受到感染而情绪化操作的人就被"市场先生"战胜了。反之，如果不被他感染，则他为了感染你而做的一切努力都是一些愚蠢行为，正可以被你利用。打一个比喻："市场先生"之于投资人正如魔之考验修行人一样，被它所动则败，任它千般变化不为所动则它能奈我何。

"市场先生"的弱点是很明显的，每个人都可以很容易地利用这一点来战胜他。但另一方面，"市场先生"正是市场中所有股民行为的平均值，他性格不稳定是因为市场中很多股民的行为更为情绪化，更为不稳定。"市场先生"会不厌其烦地使出各种手段，直至找到足够多的牺牲者为止，所以大多数人都将成为"市场先生"的牺牲者，能战胜"市场先生"的永远只有少数人。只有那些极为冷静，在"市场先生"的反复诱骗下不为所动的人，才能利用"市场先生"的弱点战胜他。那些不幸受到"市场先生"的感染而情绪更不稳定的人，就会反过来被"市场先生"战胜。所以，股民战胜"市场先生"的本钱是理智和冷静，"市场先生"战胜股民的本钱是人们内心深处的非理性。"市场先生"的策略是设法诱导出这种非理性，诱导的办法就是用自己的情绪感染别人的情绪，用自己的非理性行为诱导出别人更大的非理性行为。如不成功就反复诱导，直到有足够多的人着道为止。

以上讨论对指导操作是很有启发意义的。首先，"市场先生"要想让你发疯，自己必须先发疯。由于"市场先生"想战胜你，所以他必然会先发疯，否则他就无法战胜你。所以"市场先生"的发疯是可以预期的，耐心地等待，必然可以等到。只要能保持冷静，不跟着他发疯，就必然可以战胜他。

其次，和"市场先生"交易重要的不是看他所出的价格，而是要注意他的情绪，看着他的情绪进行买卖。当"市场先生"

的情绪不好时就买入，当"市场先生"的情绪好时就卖给他，而不用管"市场先生"的报价到底是多少。考虑"市场先生"报价的意义也仅仅是为了通过价钱从另一个角度来观察"市场先生"的情绪，当他报价过低时说明他的情绪不好，当他报价过高时说明他处于乐观状态。如果能有一把客观的尺度来判断"市场先生"的报价是否过低或过高，则这种方法就可以使用，否则如果没有这种客观尺度，那么看"市场先生"的报价是没有意义的，不能从中引申出对"市场先生"的情绪的判断。巴菲特的方法是掌握了一套判断股票价值的方法，从而有了一个客观的尺度来判断"市场先生"的报价是否过高或过低。股票技术分析方法则是直接通过交易情况来判断"市场先生"的情绪。不管是用基本面分析还是用技术分析，正确地判断"市场先生"的情绪的前提都是自己必须保持冷静。

按这种思路，巴菲特赢了"市场先生"，赢的依据在于"市场先生"的情绪不稳定，而巴菲特掌握了判断"市场先生"的情绪的方法，赢得明明白白。

**反其道而行，战胜市场**

反向操作并不是单纯地机械式的逆势而为，为反对而反对比盲目跟风的风险更大。股票市场对于公司股价判断正确与否的概率几乎是一样的，因此投资人唯一能与市场大众反向操作的状况应为：股票市场对于事件的心理反应似乎已到了疯狂的地步；对于公司财务资料的分析大家都错了。尤其需要注意的是，当缺乏足够的论据支持自己的反向操作观点时，千万不要与市场对立。

1988年巴菲特在致股东的信里说："当看到1988年很丰硕的套利成果后，你可能会认为我们应该继续努力以获得更丰厚的回报，但实际上我们采取的态度就是继续观望。

"然而，我们决定在长期期权方面上的投资要大幅提高的理由是：目前的现金水位已经下降，如果你经常读我们的年报，那么我们的决定并不是基于短期股市的表现，我们更注重的是对个别企业的长期的经济展望,我们从来没有并且以后也不会对短期股市、利率或企业活动做任何评论。"

巴菲特认为,反其道而行,即反向投资策略,是我们回避市场风险,保证投资获利的关键。

所谓反向投资策略,就是当大多数人不投资时,投资;当大多数人都急于投资时,卖出。反向策略的观念非常简单,只要能做到"人弃我取,人舍我予"就好了。但要实践反向策略,必须克服人性的弱点,要能做到不从众,能够独立判断,忍耐寂寞,才能制胜。大部分投资人都是在周遭亲友一致认同的情况下,才开始投资;而炒股高手正好相反,在知道大部分亲友都担心恐惧时,才开始考虑投资。反向策略者相信当大众对未来的看法趋于一致时,大部分时候是错的,同时反转的力量会很大。

反向投资策略为何如此有效?理由很简单,如果市场中大多数的人都看好价格会继续上涨,此时进场投资的人及资金早已因为一致看好而大量买进,所以价格通常因大量买超而产生超涨的景象。又由于该进场的人与资金都已经在市场内了,于是市场外能推动价格上涨的资金所剩无几,且市场中的每个人皆准备伺机卖出,导致整个证券市场的潜在供给大于需求,因此只要有任何不利的因素出现,价格就会急速下跌。反之,如果市场中大多数人都认为价格会继续下跌,此时该卖的人早已因为一致看坏而大量卖出,所以价格通常因大量卖超而产生超跌现象。又由于该卖的人都已经不在市场内了,于是市场内想卖出的浮动筹码已少之又少,所以卖压很少,且市场外的每个人皆准备逢低买进,导致整个证券市场潜在的需求大于供给,因此只要有任何有利的因素出现,价格就会急速上涨。

那么我们该如何衡量大多数人的判断思维呢?一般说来,如果股市处于上升的高速阶段,此时几乎每人的股票账户上都赚得盘满钵溢,大多数股民都会兴高采烈,忘乎所以。此时的媒体、股评人更加激动,大肆渲染多头市场的发展趋势,为股民描绘一个又一个创新高的点位。外场的资金也经不起诱惑而积极加入炒股大军,大有全民炒股的态势。这时就可以判断大多数人的思维处于什么态势。如果用反向投资策略,此时更要做到"众人皆醉我独醒,众人皆炒我走人"。如果股市处于下跌的高速阶段,此时几乎每人的股票账户上昨天还是赚得盆满钵溢,转瞬之间就烟消云散,严重套牢了,大多数股民垂头丧气,万念俱灰。此时的媒体、股评人更加悲观,大肆渲染空头市场可怕的发展趋势,为股民描绘一个又一个创新低的点位。证券营业部门口的自行车也明显减少。入场的资金和盈利的资金纷纷撤离,大有全民空仓的态势。这时就可以判断大多数人的思维处于什么态势。如果运用反向投资策略,此时就要做到"众人皆醉我独醒,众人皆空我做多"。

例如,1996年10月到12月初,1997年2月到5月,沪深股市开始猛涨,当时几乎每人的股票账户上都赚得盆满钵溢,有人甚至提出"不怕套,套不怕,怕不套"的多头口号。管理层当时接连发了十几个利空政策,但是大多数股民不听,结果后来套得很惨。2001年6月14日,沪指创新高2245点后,媒体、股评人更加激动,大肆渲染多头市场的发展趋势,为股民描绘一个又一个创新高的点位,2500点,3000点……大多数股民处于多头思维中。这时如果用反向投资策略,就要"众人皆炒我走人",不玩了。

又如:2001年7月后,股市处于下跌的高速阶段,此时严重套牢的大多数股民垂头丧气,万念俱灰。而媒体、股评人更加悲观,大肆渲染空头市场可怕的创新低的点位,有人甚至提出沪指要跌到800点、400点。资金纷纷撤离观望。这时就可以判断大多数人的思维处于空头悲观态势。如果用反向投资策略指导行动,就应在适当时机入市,完全可以在2001年10月、2002年6月和2006年打一个漂亮的反弹仗和反转仗。

**正确掌握市场的价值规律**

短期内的股价波动对价值投资者来说毫无意义,因为价值规律告诉我们,价格总有一天是会向其价值回归的。这种价值回归具有相对滞后性，正便于投资者从容决策。

巴菲特说："最近10年来，实在很难找得到能够同时符合我们关于价格与价值比较的标准的权益投资目标。尽管我们发现什么事都不做，才是最困难的一件事，但我们还是尽量避免降格以求。"

巴菲特认为，"市场先生"在报出股票交易价格时，最终是遵循价值规律的。道理很简单：价值规律是商品经济的基本规律，而股市是商品经济的产物，所以理所当然要遵循价值规律。

价值规律的基本原理是：商品的价值是由生产商品的社会必要劳动时间决定的，商品交换要根据商品的价值量来进行。

价值规律的表现形式是：在商品交换的过程中，受供求关系影响，价格围绕价值上下波动。从短期看，价格经常背离价值；从长期看，价格一定会向价值回归。

当1929年美国股市面临市场崩盘的威胁时，美国国会特地请来了一些专家召开意见听证会。巴菲特的老师格雷厄姆作为当时华尔街上最著名的投资大师，也参加了这次听证会。

会上，美国参议院银行业的委员会主席问格雷厄姆，假如存在这样一种情形：你发现某种商品的价值达30美元，而现在你只要用10美元就能买得到；并且又假如你已经买下了一些这样的商品，那么显而易见，这种商品的价值只有当得到别人认可时，也就是说，只有当有人愿意以30美元的价格从你的手里买回去时，你才能实现其中的利润。把这个例子用在股票上，你有什么办法能够使一种廉价的股票最终发现自己的价值呢？

格雷厄姆回答说："这个问题正是我们这个行业的神秘之处。但经验告诉我们，市场最终会使股价达到它的价值。也就是说，目前这只价格很低的股票，将来总有一天会实现它的价值。"

格雷厄姆认为，影响股票价格有两个最重要的因素：一是企业的内在价值，二是市场投机。正是这两者交互作用，才使得股价围绕着企业的内在价值上下波动。也就是说，价值因素只能在一定程度上影响股票价格，股票价格偏离内在价值的事情是经常发生的,也是丝毫不奇怪的。

读者是否还记得,1969年巴菲特认为当时的美国股市已经处于高度投机状态,真正的市场价值分析原理在投资分析和决策中所起的作用越来越小,于是解散了合伙企业巴菲特有限公司,并且对公司资产进行了彻底清算,对公司持有的伯克希尔股票按投资比例进行了分配。

遵照格雷厄姆的教诲,巴菲特和他的合作伙伴芒格,把衡量伯克希尔公司可流通股票价值大小的标准,确定为在一个相当长的时期内的股票价格表现,而不是看每天甚至每年的股票价格变化。

因为他们相信,股市可能会在一段时期内忽视企业的成功,但最终一定会用股价来反映这种成功。只要公司的内在价值以令人满意的速度增长,那么,公司的成功究竟在什么时候被市场普遍认可,就不是一件非常重要的事了。

相反,这种市场共识相对滞后,对投资者来说很可能是一件好事——它会带来许多好机会,让你以很便宜的价格买到更多的好股票。

## 不要顾虑经济形势和股价跌涨

巴菲特说,在通常的投资咨询会上,经济学家们会作出对宏观经济的描述,然后以此为基础展开咨询活动。在他看来,那样做是毫无道理的。并且,假设艾伦·格林斯潘和罗伯特·鲁宾两位重量级人物,一个在他左边,一个在他右边,悄悄告诉他未来12个月他们的每一步举措,他也是无动于衷的,而且也不会影响到他购买公务飞机公司或者通用再保险公司的股票,或者他做的任何事情。

与大多数投资者不同的是,巴菲特从不浪费时间和精力去分析经济形势,也从不担心股票价格的涨跌。他告诫投资者:"不要浪费你的时间和精力去分析什么经济形势,去看每日股票的涨跌,你花的时间越多,你就越容易陷入思维的混乱并难以自拔。"

在佛罗里达大学演讲时，就有学生要求巴菲特谈谈目前的经济形势和利率以及将来的走向，巴菲特直截了当地回答："我不关心宏观的经济形势。"巴菲特认为：在投资领域，你最希望做到的应该是搞清楚那些重要的，并且是可以搞懂的东西。对那些既不重要，又难以搞懂的东西，你忘了它们就对了。你所讲的，可能是重要的，但是难以搞清楚。

巴菲特认为人们无须徒劳无功地花费时间担心股票市场的价格，同样的，他们也无须担心经济形势。如果你发现自己正在讨论或思考经济是否稳定地增长，或是否正走向萧条，利率是否会上扬或下跌，是否有通货膨胀或通货紧缩，慢点！让你自己喘一口气。巴菲特原本就认为经济有通货膨胀的倾向，除此之外，他并不浪费时间或精力去分析经济形势。

一般说来，投资人都习惯于以一个经济上的假设作为起点，然后在这完美的设计里巧妙地选择股票来配合它。巴菲特认为这个想法是愚蠢的。首先，没有人能够真正具备准确预测经济形势和股票市场的能力。其次，如果投资者选择的股票会在某一特定的经济环境里获益，投资者就不可避免地会面临变动与投机。不管投资者是否能正确预知经济形势，其投资组合都将视下一波经济景气如何而决定其报酬。

巴菲特比较喜欢购买那种在任何经济形势中都有机会获益的企业股票。当然，整个经济力量可以影响毛利率，但就整体而言，不管经济是否景气，巴菲特的股票都会得到不错的收益。选择并拥有有能力在任何经济环境中获利的企业，时间将被更聪明地运用；而不定期地短期持有股票，只有在正确预测经济景气时，才会获利。

一般来说，经济形势和股票市场的形势不一定同步，有时候甚至是反向的。有时候经济形势很好，而市场却很萧条；而当经济依然萧条的时候，股票市场却走出了一波好行情。比如，大萧条时期，1932年7月8日道琼斯指数跌至历史的最低点41点，直到富兰克林·罗斯福在1933年3月上任前，经济状况依然持续恶化，不过当时股市却涨了30%。再回到第二次世界大战的初期，美军在欧洲和太平洋战场的情况很糟，1942年4月股市再次跌至谷底，这时离盟军扭转战局还很远。再比如，20世纪80年代初，通货膨胀加剧、经济急速下滑，但却是购买股票的最佳时机。

巴菲特提醒投资者在投资时要谨慎，不能轻率地进行投资，不能只做股市中的投票机。

拿可口可乐与吉列公司的股票为例。从1991年到1993年，可口可乐与吉列每股的获利的增加幅度分别为38%和37%，但是对比当时同期的股票市价却只有11%和6%。也就是说，巴菲特选择的这两家股票的价值已经超越了当期股票市场的表现。当时，华尔街对可口可乐品牌有很深的疑虑，他们都对这两只股票存在怀疑的态度。但是等到数年以后，情况发生了逆转，可口可乐和吉列的股价发生了报复性的暴涨，并且远远超过了每股盈余的增长。

这个案例就是投资市场上所谓的"投票机"和"体重计"的写照。正如不同的投资者有不同的风险承受能力一样，这关键并不在于追求最高的投资报酬率，而是发现最适合自己的投资品种。从短期来看股市是一个投票机，但是，从长期来看，股市确实是一个称重机。无论你投资哪类品种，都不能仅仅依靠市场上的"时尚风向标""人气指数"，还需要进行"量体裁衣"，打造有把握的投资目标。

在巴菲特的办公室里，并没有股票行情终端机之类的东西，但他的投资业绩并没有因此而失色。巴菲特表示，如果投资者打算拥有一家杰出的企业的股份并长期持有，但又去注意每一日股市的变动，是不合逻辑的。最后投资者将会惊讶地发现，不去持续注意市场的变化，自己的投资组合反而变得更有价值。

市场与预测是两码事，市场是在变化的，而预测是固定不变的，预测的固定不变只会给分析市场的人以错觉感。所以，下次当你被诱惑相信你已最终找到一种可实现利润而且可以被重复使用的格局时，当你被市场的不可预测性惊得目瞪口呆时，记住巴菲特说的话："面对两种不愉快的事实吧：未来是永不明朗的；而且在股市上要达到令人愉快的共识，代价是巨大的。不确定性是长期价值购买者的朋友。"

**有效利用市场无效，战胜市场**

巴菲特说："如果股票市场总是有效的，我只能沿街乞讨。"所以我们无须理会股票的涨跌，对待股票价格波动的正确态度，是所有成功的股票投资者的试金石。我们要做的只是两门功课，一门是如何评估企业的价值，另一门是如何思考市场价格。其他的信息就不是我们所要关心的。

巴菲特在1988年致股东的信里写道："在过去的63年里，大盘整体的投资报酬大概只有10%。这指的就是最初投入1000美元，63年后就可以获得405000美元；但是如果能够得到的投资报酬率为20%（这个回报率是伯克希尔以及巴菲特的老师格雷厄姆的公司的长期投资业绩），现在就能变成970000美元。

"不管它们已经对多少学生产生了误导，市场效率理论还是继续在各大企业管理名校中被列为投资课程的重要理论之一。

"当然，那些已经被骗的投资专家在接受市场无效率理论后，对于我们以及其他格雷厄姆的追随者实在有很大的帮助。因为不管在哪项竞赛中，不管是投资、心智还是在体能方面，要是遇到对手被告知思考和尝试都是徒劳的，对于我们来说，都是占尽了优势。"

按照无效市场理论，除非靠机遇，否则几乎没有任何个人或团体能取得超出市场的业绩，任何人或团体更不可能持续保持这种超出寻常的业绩。然而股神巴菲特，麦哲伦基金经理人彼得·林奇，价值投资之父格雷厄姆等投资大师以他们的骄人业绩证明了超出市场业绩是可能的，这对于有效市场理论无异于当头棒击。有效市场理论受到了重大挑战，大量实证研究表明股票市场并不像有效市场理论声称的那样总是能够形成均衡预期收益，实际上市场经常是无效的。

关于市场的无效，还有这样一则小故事：两位信奉有效市场理论的经济学教授在芝加哥大学散步，忽然看到前方有一张像是10美元的钞票，其中一位教授正打算去拾取，另一位拦住他说："别费劲了，如果它真的是10美元，早就被人捡走了，怎么会还在那里呢？"就在他俩争论时，一位叫花子冲过来捡起钞票，跑到旁边的麦当劳买了一个大汉堡和一大杯可口可乐，边吃边看着两位还在争论的教授。

对市场是有效的还是无效的理解，直接影响到你的投资策略。如果你相信市场有效，那你就认为，股票的价格总是反映了所有相关的信息，你的操作手法就是追涨杀跌，所以你无须了解公司的基本面，因为基本面反映在股价上，你只要进行技术分析就可以了。

如果你认为市场是无效的，那你就可以不理会大盘的涨跌，抛开技术分析，只要公司的价值和股票的价格相一致，就是你极佳的买入点，然而，决定买进卖出的不是股票价格的波动，而是公司经营业绩的好坏。

事实表明有效市场理论是存在很大的缺陷的，因为有几点原因：一是投资者不可能总是理智的。按照有效市场理论，投资者使用所有可得信息在市场上定出理智的价位。然而大量行为心理学的研究表明投资者并不拥有理智期望值。二是投资者对信息的分析不正确。他们总是依赖捷径来决定股价，而不是依赖最基本的体现公司内在价值的方法。三是业绩衡量杠杆强调短期业绩，这使得从长远角度击败市场的可能性不复存在。

正是由于以上原因，巴菲特、费舍、林奇这些投资大师以自己多年的投资经验告诫我们，要走出有效市场理论的误区，正确认识市场的无效性，回归价值投资策略。只有这样，才能规避市场风险，长期持续战胜市场。

## 如何从通货膨胀中获利

投资者应该清楚的是，对于具有长期发展规律的商业企业来说，有形资产越小，无形资产越大，越是能够抗拒这种通货膨胀的状况。

巴菲特善于选择那些可以用较小的净有形资产却能创造较高获利的公司,正因具备这样的优势,即使受到通货膨胀的影响,市场上仍允许时思公司拥有较高的本益比。通货膨胀虽然会给许多企业带来伤害,但是那些具备消费独占性的公司却不会受到损害,相反,还能从中受益。

1983年巴菲特在致股东的信里写道:"多年以来,传统积累的经验告诉我们,我们拥有的资源和设备厂房等有形资产的企业对于抵抗通货膨胀来说是比较有优势的,但事实上却并非如此,拥有丰富资产的企业往往没有很高的报酬率,有时甚至低到因通货膨胀引起的需要增加的额外的投资都不够,更不用说,把企业的继续成长和分配盈余分给股东或是其他购并新企业了。

"但是,对于部分拥有无形资产多于有形资产的企业来说,通货膨胀一旦发生,便会积累出让人吃惊的财富。对于这类公司来说,商誉的获利能力大大地增加了,然后再动用盈余进行大举购并。从通讯行业来看,这种现象是很明显的。这样的企业并不需要投入过多的有形资产,企业可以一直处于成长的状态。在通货膨胀来临的年代,商誉就像是天上掉下来的大礼物一样。"

巴菲特讲的这段话是对"商誉"的辅助性的解读,同时他的企业帝国也是在他的这种思想下进行收购进来的,这也是他私房薪水的来源。

1972年,巴菲特买下了一家普通的糖果公司时思,当时该公司仅依靠着800万美元的净资产就能每年获得200万美元的盈余。但是如果假设另外一家普通的公司,同样每年能够赚得200万美元的利润的话,这就必须需要靠1800万美元的净资产来创出这个数字。然而,这家公司的净资产报酬率却只有11%。

如果这样的公司要出售的话,最大的可能就是以价值1800万美元的净资产的价值将该公司卖掉,但是巴菲特做出的决定却是支付 2500 万美元去买下具有同样获利能力的时思。他这样做的原因是什么呢？难道他不会亏损吗？

巴菲特是将通货膨胀的因素考虑进去了，设想一下，如果物价暴涨一倍的话，如果这两家企业都要在通货膨胀的情况下赚到 400 万美元以维持原来的获利能力的话，这也许并不是困难的事，只要在维持现有销售数量的情况下，将价格提高一倍，只要毛利率维持不变，那么获利能力自然会增加。所以现在大家应该知道巴菲特为什么选择时思了吧？因为时思的净资产价值只有区区 800 万美元，所以只要再投入 800 万美元就可以应对通货膨胀了，而对于其他一般的企业而言，需要的投入则可能必须超过两倍，也就是需要差不多 1800 万美元的资金才可以达到。

## 第二节　被华尔街忽视但最有效的集中投资

### 精心选股，集中投资

怎样才能做到集中投资？问题的关键是投资者要把购买该股票当做是全部收购该企业一样来看待。工夫要花在对该公司的考察以及内在价值的评估上，而不是频繁进出。

1984 年巴菲特在给股东的信中说："以我们的财务实力，我们可以买下少数一大笔我们想要买的并且价格合理的股票。比尔·罗斯形容过度分散投资的麻烦：如果你拥有 40 位妻妾，你一定没有办法对每一个女人都认识透彻。从长期来看，我们集中持股的策略最终会显示出它的优势，虽然多少会受到规模太大的拖累，就算在某一年度表现得特别糟，至少还能够庆幸我们投入的资金比大家要多。"

他认为多元化是针对无知的一种保护。它不仅不会降低你的投资风险，反而会分摊你的投资利润，集中投资反而可以帮助我们集中收益。

当然，集中投资的前提是精心选股。一般说来，应集中投资于下述3种股票：

1. 集中投资于最优秀的公司

"作为投资者，我们都想投资于那些业务清晰易懂、业绩持续优异、由能力非凡并且为股东着想的管理层来经营的优秀公司。这种目标公司并不能充分保证我们投资盈利：我们不仅要在合理的价格上买入，而且我们买入的公司的未来业绩还要与我们的估计相符。但是，这种投资方法——寻找超级明星——给我们提供了走向真正成功的唯一机会。"

"如果你是一位学有专长的投资者，能够了解企业的经济状况，并能够发现5～10家具有长期竞争优势的价格合理的公司，那么传统的分散投资对你来说就毫无意义，那样做反而会损害你的投资成果并增加投资风险。我们不明白的是，为什么那些分散投资的信奉者会选择一些在他喜欢的公司中名列前20位的公司来进行投资，而不是很简单地只投资于他最喜欢的公司——他最了解、风险最小并且利润潜力最大的公司。"

"其实作为投资者，我们的收益来自于一群由企业经理人组成的超级团队的努力，他们管理的公司虽然经营着十分普通的业务，但是却取得了非同寻常的业绩，我们集中投资所要寻求的就是这类优秀的公司。"

2. 集中投资于你熟悉的公司

投资者为了真正规避风险，在投资时必须遵循一个能力圈原则。你并不需要成为一个通晓每一家或者许多家公司的专家，你只需要能够评估在你能力圈范围之内的几家公司就足够了。能力圈的大小并不重要，重要的是你要很清楚自己能力圈的边界。

作为一名投资者，你的目标应当仅仅是以理性的价格买入你很容易就能够了解其业务的一家公司的部分股权，而且你可以确定在从现在开始的5年、10年、20年内，这家公司的收益实际上肯定可以大幅度增长。在相当长的时间里，你会发现仅仅有几家公司符合这些标准，所以，一旦你看到一家符合以上标准的公司，你就应当买进相当数量的股票。

我们的策略是集中投资。我们应尽量避免当我们只是对企业或其股价略有兴趣时，这种股票买一点、那种股票买一点的分散投资做法。当我们确信这家公司的股票具有投资吸引力时，我们同时也相信这只股票值得大规模投资。

"只有很少的公司是我们非常确信值得长期投资的。因此，当我们找到这样的公司时，我们就应该持有相当大的份额，集中投资。"

"当我们认为我们已经认真研究而且可以在有吸引力的价位上买入时，以我们的财务实力，我们能够在这少数几只股票上大规模投资。长期来说，我们集中持股的政策肯定会产生卓越的投资回报，尽管多少会受到伯克希尔公司规模太大的拖累。"

3. 集中投资于风险最小的公司

巴菲特之所以采用集中投资策略，是因为集中投资于投资者非常了解的优秀企业股票，投资风险远远小于分散投资于许多投资者根本不太了解的企业股票。

"在股票投资中，我们期望每一笔投资都能够有理想的回报，因此我们将资金集中投资在少数几家财务稳健、具有强大竞争优势，并由能力非凡、诚实可信的经理人所管理的公司股票上。如果我们以合理的价格买进这类公司，投资损失发生的概率通常非常小，在我们管理伯克希尔公司股票投资的38年间（扣除通用再保与政府雇员保险公司的投资），股票投资获利与投资亏损的比例大约为100∶1。"

**集中投资，快而准**

在某种程度上，集中投资是对投资不确定性的一种回避，使投资尽量具有确定性后再投资，这在客观上存在一定难度。集中投资具有将更大比例甚至全部比例的资金筹码投资于高概率的收益品种上的特点。在集中投资前，精密仔细地分析研究和把握是必需的。在投资的过程中个人投资者需要做到富有耐心、客观地、仔细地分析以应对股市不可预测的风险。

巴菲特认为既然集中投资是市场赋予个人投资者的一个优势，那么个人投资者更应该利用这个优势。事实上，集中投资这种方法尽管是一种快而准的投资方式，但长期被市场投资者所忽略。我们身边的不少个人投资者，10万元资金拥有5只以上股票的人不在少数，而这些人绝大部分是赔钱的。其实在现在的市场规模和流动性中，就算是1000万的资金拥有一只股票也未尝不可，作为个人投资者更多要做的是投资背后的功夫。

美国投资大师林奇在《战胜华尔街》中就表达过类似的观点："在众多的股票中找到几个十年不遇的大赢家才是你真正需要做的。如果你有10只股票，其中3只是大赢家，一两只赔钱，余下6~7只表现一般，你就能赚大钱。如果你能找到几个翻3倍的赢家，你就不会缺钱花，不管你同时选了多少赔钱的股票。如果你懂得如何了解公司的发展状况，你就会把更多的钱投入到成功的公司中去。你也不需要经常把钱翻3倍，只需一生中抓住几次翻3倍的机会，就会建立相当可观的财富。假若你开始投资时用1万美元，然后有5次机会翻3倍，你就可以得到240万美元；如果有10次翻3倍的机会，你的钱就变成了5.9亿美元。"

巴菲特说："不要把鸡蛋放在一个篮子里，这种做法是错误的，投资应该像马克·吐温那样，把所有鸡蛋放在同一个篮子里，然后小心地看好这个篮子。我们的投资集中在少数几家杰出的公司上。我们是集中投资者。"选股不在多，而在于精。我们常说"精选"，就意味着少选，精在于少，而不在于多。巴菲特告诉我们，选择越少，反而越好。

巴菲特认为，我们在选股时态度要非常慎重，标准要非常严格，把选择的数量限制在少数股票上，这样反而更容易做出正确的投资决策，更容易取得较好的投资业绩。1977～2004年这27年间，巴菲特研究分析了美国上市的1万多只股票，却只选了22只，1年多才选1只，而其中重仓股只有7只，4年左右才选出一只重仓股。巴菲特按照严格标准选出这7只股票，做出投资决策反而很容易，其中包括可口可乐、吉列、华盛顿邮报，这些都是我们非常熟悉、众所周知的好公司。

在巴菲特的股票投资中，他选的7只超级明星股，只投资了40多亿美元，就赚了280多亿美元，占了他股票投资总盈利的9成左右。可见，1只优质股胜过100只甚至1000只垃圾股。

巴菲特说："对于每一笔投资，你都应该有勇气和信心将你净资产的10%以上投入此股。"可见，巴菲特认为同时持有10只股票就够了。巴菲特的投资业绩远远超过市场的平均水平也正得益于此。事实上，很多年份巴菲特重仓持有的股票不到10只。他集中投资的股票数目平均只有8.4只左右，而这几只股票的市值占整个投资组合的比重平均为91.54%。

对中小股民来说，集中投资是一种快而准的投资方式。因为个人投资相对于机构投资者在集中投资上更有优势。机构投资者即便再集中，政策确定、回避风险和其他基金的竞争不可能使其资金过分地集中在几只股票上，个人的特征也决定了进行集中投资是快而准的。

## 集中投资，关注长期收益率

持续的"一夜情"，注定只能产生两个结果，患上艾滋病或者严重的心理疾病，绝没有人靠它能获得长久的幸福。投资也是一样，假如你一年要买卖股票几十次，除非你比巴菲特和凯恩斯都聪明。投资者最忌讳的是游击战术，打一枪换一个地方的投资者，只能算是投机者。事实上，没有几个投机者能不败下阵来。为了不在股市血本无归，我们需要进行集中投资。

巴菲特说："我们宁愿要波浪起伏的15%的回报率，也不要四平八稳的12%的回报率。"

上面虽然只是巴菲特简短的一句话，但是实际上他强调的就是集中投资的重要性，采用集中的持续竞争优势价值策略就有了一定的竞争优势。既然集中投资既能降低风险，又能提高回报，那么短期的业绩波动大些又何妨？国外许多价值投资大师都以他们出众的投资业绩以及大量实证证明了集中投资可以取得较高的长期收益率。

以凯恩斯管理的切斯特基金为例来说，在1928～1945年的18年间，年平均投资回报率以标准差计算的波动率为29.2%，相当于英国股市波动率12.4%的2.8倍，但其18年中年平均回报率为13.2%，而英国股市年平均回报率只有0.5%。

又如，查理·芒格管理其合伙公司时，将投资仅集中于少数几只证券上，其投资波动率非常巨大。在1962～1975年的14年间，年平均投资回报率以标准差计算的波动率为33%，接近于同期道琼斯工业平均指数波动率18.5%的2倍。其14年间的平均回报率相当于道琼斯工业平均指数平均回报率6.4%的4倍，达到24.3%。

再如，比尔·罗纳管理的红杉基金采用高度集中的投资策略，每年平均拥有6～10家公司的股票，这些股票约占总投资的90%以上，其投资波动率非常巨大。在1972～1997年的26年间，年平均投资回报率以标准差计算的波动率为20.6%，高于同期标准普尔500指数波动率16.4%的4个百分点。但其14年的年平均回报率为19.6%，超过标准普尔500指数年平均回报率14.5%。1987～1996年，巴菲特管理的伯克希尔公司的主要股票的投资平均年收益率为29.4%，比同期标准普尔500指数平均年收益率18.9%高出5.5%。

如果巴菲特没有将大部分资金集中在可口可乐等几只股票上，而是将资金平均分配在每只股票上，那么同等加权平均收益率将为27%，比集中投资29.4%的收益率要降低2.4%，其相对于标准普尔500指数的优势减少了近44%。如果巴菲特不进行集中投资，而采用流行的分散投资策略，持有包括50种股票在内的多元化股票组合，那么即便假设伯克希尔公司持有的每种股票占2%权重，其分散投资的加权收益率也仅有20.1%。

还有，股神巴菲特管理的伯克希尔公司在过去的41年（至

2006年）来，也就是巴菲特从1965年接手之后，伯克希尔公司每股净值由当初的19美元增长到现在的50498美元。二战后，美国主要股票的年均收益率在10%左右，巴菲特却达到了22.2%的水平。由于伯克希尔公司以上收益中同时包括了股票投资、债券投资和企业购并等，所以并不能直接反映巴菲特股票投资的真实的收益水平。

### 准确评估风险，发挥集中投资的威力

采取集中投资战略是防止我们陷入传统的分散投资教条。许多人可能会因此说这种策略一定比组合投资战略的风险大。这个观点并不是十分正确的。投资者应该相信，这种集中投资策略使投资者在买入股票前既要进一步提高考察公司经营状况时的审慎程度，又要提高对公司经济特征满意程度的要求标准，因而更可能降低投资风险。在阐明这种观点时，我们可以将风险定义为损失或损害的可能性。

巴菲特在1996年伯克希尔公司的年报中讲道："我们坚信，计算机模型预测的精确性也不过是臆断和毫无根据的猜测。事实上，这种模型很有可能会诱使决策者做出完全错误的决定。在保险和投资领域，我们曾经目睹过很多类似原因造成的灾难性结果。所谓的'组合保险'在1987年市场崩溃期间带来的破坏性结果，让一些笃信计算机预测的人们大跌眼镜，到那时，他们才真正意识到，真应该把这些计算机扔到窗外。"

巴菲特认为确定风险不是通过价格波动，而是通过公司的价值变动。所谓风险是指价值损失的可能性而不是价格的相对波动性。集中投资于被市场低估的优秀公司比分散投资于一般公司更能够降低真正的投资风险。

据《中国证券报》报道，2006年12月，深圳万科的有限售条件的股份可以在二级市场上进行交易，这个消息对于万科最大的个人股东王先生来说是一个里程碑式的好消息。他所持有的万科公司的股票可以上市流通了。

其实，王先生当初持有万科股票，是基于对公司管理层的

信任，1988年12月末，万科正式向社会发行股票，由于一家外商的临时变卦，在紧急时刻王先生投资400万元认购了360万股。在公司发展的快速扩张时期，他也积极参与项目的判断并给出了自己的建议。

基于对万科公司的了解和信任，王先生开始集中投资于万科公司的资料显示，1988年持有万科股票360万股，1992年王先生持有万科股票370.76万股，以后通过送股和配股以及二级市场的增持，1993年拥有503.29万股，1995年的股数为767万股，2004年为3767.94万股，2006年为5827.63万股。前后18年，王先生总共用400万元集中持有了万科的5827.63万股非流通股，这些股的回报率达到了176倍。2007年3月，回报率更是达到了300倍左右。

可以说，深圳万科的个人投资者王先生通过集中长期持有万科公司的股票获得了巨大的收益。由此看来，集中投资虽不能让我们在短期内获得暴利。但是从长期来看，其所带来的总回报率是远远超过市场的平均水平的。所以，集中投资需要我们有长远的眼光，关注长期的收益率，而不要过分迷恋于短期的收益。

**在赢的概率最高时下大赌注**

不是每个投资者都可以准确地计算出自己的概率，也并不是让每个投资者都努力成为桥牌高手。虽然巴菲特借助打桥牌来计算成功的概率并不合适每个人，但是我们可以从中学习他的这种思维模式，时刻保持对股市全局的审视。先判断什么是理性的事情，然后再权衡输与赢的比率。

巴菲特说："集中投资要求我们集中资本投资于少数优秀的股票。在应用中最关键的环节是估计赢的概率及决策集中投资的比例，其秘诀就是在赢的概率最高时下大赌注。"

巴菲特所谓的赢的概率，其实是对所投资的企业价值评估的准确概率，而估值的准确性又取决于对企业未来长期的持续竞争优势进行预测的准确概率。

估计成功的概率与我们在数学中学习的概率计算有很大的不同。传统的概率计算以大量的统计数据为基础，根据大量重复性试验中事件发生的频率进行概率计算。但是，我们投资的企业永远面临着与过去不同的竞争环境、竞争对手及竞争对手的竞争手段，甚至我们投资的企业自身都在不断地变动之中，一切都是不确定的，一切也都是不可重复的。所以，我们根本无法计算企业竞争成功的频率分布，也根本无法估计成功的概率是多少。

但是为了保证投资获利，我们又必须估计成功的概率。一个有些类似的例子是足球彩票竞猜。每一次曼联队面临的对手可能都是不同的球队，即使是相同的球队，其队员和教练也可能有了许多变化，曼联队自身的队员及其状态也有许多变化，同时双方队员当天比赛的状态和过去绝不会完全相同，队员之间的配合也会和过去有很大的不同。那么，曼联队今天会输还是会赢呢？不管我们有多么庞大的历史数据库，也根本找不到与今天比赛完全相同的、完全可重复的历史比赛数据来进行概率估计。由此，我们唯一可做的便是进行主观的概率估计。

虽然主观评估赢的概率没有固定的模式可依据，但我们可以借鉴股神巴菲特的成功经验——他是用打桥牌的方法来估计成功概率的。

巴菲特一星期大约打12小时的桥牌。他经常说："如果一个监狱的房间里有3个会打桥牌的人的话，我不介意永远坐牢。"他的牌友霍兰评价巴菲特的牌技非常出色："如果巴菲特有足够的时间打桥牌的话，他将会成为全美国最优秀的桥牌选手之一。"其实打桥牌与股票投资的策略有很多相似之处。巴菲特认为："打牌的方法与投资策略是很相似的，因为你要尽可能多地收集信息，接下来，随着事态的发展，在原来信息的基础上，不断添加新的信息。不论什么事情，只要根据当时你所有的信息，你认为自己有可能成功的机会，就去做它。但是，当你获得新的信息后，你应该随时调整你的行为方式或你的做事方法。"

在伟大的桥牌选手与伟大的证券分析师之间，都具有非常敏锐的直觉和判断能力，他们都在计算着胜算的概率。他们都是基于一些无形的、难以捉摸的因素做出决策。巴菲特谈到桥牌时说："这是锻炼大脑的最好方式。因为每隔10分钟，你就得重新审视一下局势……在股票市场上的决策不是基于市场上的局势，而是基于你认为理性的事情上……桥牌就好像是在权衡赢的或损失的概率。你每时每刻都在做着这种计算。"

## 第三节　聚焦新经济下的新方法

**购买公司而不是买股票**

　　巴菲特教会我们：购买股票的时候，不要把太多注意力放在股价的涨跌波动中，而应该多关注股票的内在价值。当股票价格低于其内在价值且在安全边际区域内时，就是购买的好时机。

　　1982年巴菲特在致股东的信里写道："虽然我们对于买进股份的方式感到满意，但真正会令我们雀跃的还是以合理的价格100%地买下一家优良的企业。"

　　虽然巴菲特不能够把自己欣赏的企业100%买下来，但是他在购买股票的时候，无论是购买1%的股份还是10%的股份，他都以购买整个企业的标准来衡量这个企业是否值得购买。巴菲特认为，购买股票并不是单纯地看这只股票的价格和最近一段时间的涨跌，而是要以购买整个公司的心态去购买股票。

　　我们很多投资者经常根据股票价格来判断股票的好坏。当股票的价格是3元时，就认为是一只垃圾股，疯狂抛出；而当它涨到23元时，就认为它是一只优质股，蜂拥买入，其实这是投资的大忌。巴菲特说过："投资股票很简单。你所需要做的，就是要以低于其内在价值的价格买入，同时确信这家企业拥有最正直和最能干的管理层。然后，你永远持有这些股票就可以了。"

巴菲特购买可口可乐就是一个典型的例子。1988年，可口可乐股票价格暴跌，巴菲特并没有被下跌的价格吓倒，经过仔细分析，他发觉可口可乐是个未来发展前景很好的公司，其内在价值远高于当时的股价。于是，巴菲特1988年买入可口可乐股票5.93亿美元，1989年大幅增持近一倍，总投资增至10.23亿美元。1994年继续增持，总投资达到12.99亿美元，此后持股一直稳定不变。2009年第二季度末巴菲特持有的可口可乐股票市值100亿美元，为第一大重仓股，占组合的近20%。2008年可口可乐稀释每股收益2.49美元，每股现金分红1.52美元，与巴菲特平均6.50美元的买入价格相比，每年投资收益率38.3%，红利收益率23.38%。此外像巴菲特购买的吉列、华盛顿邮报等股票，从购买那天起，巴菲特也一直持有到现在，而且巴菲特说他希望和这些股票白头偕老。

在巴菲特看来，我们买进一家公司的股票实质上就是买入了这家公司的部分所有权。而决定股票是否值得投资的是分析这家公司的内在价值和我们为购买这份所有权而支付的价格。一家优秀的公司不会因为股价的下跌而变得平庸，相反，这是一个让你低成本获得公司所有权的机会；同样的道理，一家平庸的公司也不会因为股价的上涨而变得优秀。我们要想投资成功就要尽可能地去买进那些优秀的公司的股票，即使公司的股票短期让你被套牢，但长期终会带给你丰厚的回报。

**不要混淆投资与投机的差别**

投机行为浪费时间和精力，又没有任何可靠的胜算，也许选择长期投资更合适。如果你已经选择好长期投资的企业，那么就不必被短期的价格波动所迷惑，只要多坚持一段时间，你就会发现自己的选择是英明的。

1998年巴菲特在佛罗里达大学商学院演讲时说："我们想看到的是，当你买了一个公司后，你会乐于永久地持有这个公司。同样的道理，当投资者购买伯克希尔的股票时，我希望他们可以一辈子持有它。我不想说，这是唯一的购买股票的方式，但是我希望是这样的一群人加入伯克希尔。"

股票市场通常具有较高的流动性，很多投资者根据股价上涨或下跌的幅度来买卖股票。但在巴菲特看来，股票是不应该长期流动的。令巴菲特感到庆幸的是，伯克希尔股票大概是全美国流动性最低的，每年大概只有1%左右的人会抛掉股票，很难说他们是不是受到了巴菲特的影响。巴菲特以长期投资而闻名世界。只要他认为一家企业具有很强的价值增值能力，就会进行长期投资。即使这些企业的价值增值能力在短期内没有得到体现，也不会影响其长期持有的态度。

一般股市所说的投资是指买入后持有较长时间的长期投资。投资者看重的是企业的内在价值。通常长期投资者都会选择那些在未来10年或20年间有较强发展前景的企业，在企业股价因为某些原因被股市低估时买入，然后长期持有。长期投资者一般不太在乎短期的股价波动，更在乎的是股票的未来价值。巴菲特就是长期投资的忠实拥护者。

投机其实也是投资，指的是利用不对称信息和时机在市场交易中获利的行为，主要指甘于承担风险，在市场上以获取差价收益为目的的交易。投机行为将注意力主要放在价格的变化上，很少考虑交易品种的实际价值。其手法多为低买高卖、快进快出。

巴菲特认为，投机是不可取的。对个人投资者来说，投机的风险太大。由于投机强调的是低买高卖，所以投资者很容易浪费时间和精力去分析经济形势，去看每日股票的涨跌。投资者花的时间越多，就越容易陷入思想的混乱并难以自拔。在巴菲特看来，股票市场短期而言只是一个被投资者操纵的投票机器，而投资者的投资行为又都是非理性的，所以根本没法预测。而股票市场长期而言又是一个公平的天平，如果投资者购买的企业有潜力，那么长期来看企业价值必然会体现在股票价格上。所以巴菲特认为最好的方法就是以低于企业内在价值的价格买入，同时确信这家企业拥有最诚实能干的管理层。然后，永远持有这些股票就可以了。

我们还以可口可乐股票为例。在这几十年里，可口可乐股票价格每天都在波动。如果今天可口可乐股价是 20 美元，你觉得它明天会涨，就购买了很多股票，可是第二天股价反而下跌了。如果你是做短期投机的，那么你就亏了，股价短期的波动没有任何人能预测到。如果你是长期投资可口可乐股票的，那么一定赚翻了。因为从 1987 年底到 2009 年 8 月 31 日，可口可乐从 3.21 美元上涨到了 48.77 美元。

## 需要注意的商业准则三大特征

成功的投资行为取决于对公司基本面的了解状况，而不是所谓的股市风云。在实际的投资中，要尽可能多地了解公司的经营状况，考虑公司的盈利模式、经营方针和发展前景。

巴菲特在 1994 年致股东的信里写道："对于坊间一般投资人士与商业人士相当迷信对政治与经济的预测，我们仍将持视而不见的态度。在以后的 30 年里，一定还会有一连串令人震惊的事件发生，我们不应该妄想要预测它或是从中获利。如果我们能够像过去那样找到优良的企业，长期而言外在的意外对我们的影响实属有限。"

巴菲特认为，股票是抽象的事物，他不以市场理论、总体经济概念或各产业领域的趋势等方式去思考。相反，他认为投资行为只和该企业实际的经营状况有关。在巴菲特看来，如果人们的投资行为只是基于一些表面的观点，而完全不了解企业的实际经营状况，那么投资者很容易被企业出现的一点小问题而吓到。就像在 2008 年的金融海啸中，很多优秀的公司因为整体环境不好暂时遇到了一些问题，很多投资者就匆忙抛售股票。这种行为造成的结果十之八九是亏损。而巴菲特从来不会这么做，他总是将注意力集中在尽可能地收集他有意收购的企业的相关资料上。

在巴菲特看来，分析一个企业是否值得投资，主要是考虑企业的以下 3 个方面：

1. 该企业是否简单易于了解

巴菲特认为，一项投资行为是否能够取得成功，与投资人对自己所投资对象的了解程度有密切关系。因为这样的了解，可以分辨出哪些投资人是以企业的发展走势作为选股依据的，哪些投资者只是带着希望一夜暴富的投机心态投资的。

在巴菲特的投资生涯中，他一直拥有许多领域的企业：加油站、农场开垦、纺织、连锁性的大型零售、银行、保险、广告、铝业、水泥、报社、食品、饮料、烟草和电视等。无论巴菲特是拥有企业的控制权，还是只拥有该企业的部分股票，有一点是相同的：他总是明确地掌握着那些企业的运作状况。巴菲特只在他了解的范围内选择企业，他从不轻易涉足不擅长的领域。

巴菲特选择投资华盛顿邮报，就在于他对报业的深刻了解。巴菲特的祖父曾经拥有《克明郡民主党报》，他的祖母在报社帮忙并在家里的印刷厂做排字工作，他的父亲在内布拉斯加州大学读书的时候曾编辑《内布拉斯加人日报》，而巴菲特自己也曾是《林肯日报》的营业主任。后来巴菲特还买下了《奥马哈太阳报》，拥有它让巴菲特学到了一些报纸的经营方式。正因为他对报业有深刻的了解，所以他才敢于购买华盛顿邮报股票。

2. 该企业的经营方针是否足够稳定

巴菲特向来不愿意碰触复杂的企业。对于那些因面临难题而苦恼或者因为先前经营计划失败而打算彻底改变经营方针的企业，他也敬而远之。巴菲特认为，重大的变革和高额回报率是没有交集的，通常只有那些长期以来都持续提供同样商品和服务的企业，才能够拥有较高的回报率。

巴菲特曾经告诉伯克希尔的股东，他第一次和华盛顿邮报公司打交道，是在他13岁的时候，当时他做送报生，专门送《华盛顿邮报》和《时代先锋报》。显然巴菲特非常了解报纸的悠久历史，也能够随时了解报业的发展状况。巴菲特根据他本身的经验和公司成功的历史判断，华盛顿邮报拥有一贯优良的营运历史，未来一定会有卓越的表现。

3. 该企业是否拥有良好的长期发展前景

巴菲特曾经说过，他所喜欢的企业，一定具有他所能了解的、持续长久的经济优势。在巴菲特看来，经济市场是由一小群有特许权的团体和一个较大的商品型企业团体所组成的。后者中大多数都是不值得投资的，而前者中大多数都是可以投资的。

巴菲特收购美国广播公司的股票，看中的就是该公司良好的发展前景。广播公司和广播网都有高于产业平均值的前景。在相同的因素下，它们可以像报纸一样打出很多经济上的商誉。广播电台建立起来以后，投资和营运所需要的资金并不多，而且根本没有存货投资。电影和电视节目的购置费用，可以在广告收入进账之后再支付。广播公司的投资回报都会高于产业的平均值，而且赚取的现金也都超过了企业营运所需的费用。广播公司的风险主要包括政府的规范、不断更新进步的技术和瞬息万变的广告经费。政府有权拒绝公司广播执照更新的申请，但这种情况很少见。而无限电视网的节目在市场上占据着非常大的份额，不需担心技术和广告的经费问题。由此巴菲特断定，美国广播公司具有非常美好的发展前景。

**高级经理人必备的三种重要品质**

在分析投资哪家企业时，一定要认真观察企业管理层的品质。只有选择了优秀的企业管理层，才能选到优秀的企业。

1995年，巴菲特在致股东的信里写道："零售业的经营相当不易，在我个人的投资生涯中，我看过许多零售业曾经拥有极高的成长率与股东权益报酬率，但是到最后突然间表现急速下滑，很多甚至被迫以倒闭关门收场。比起一般制造业或服务业，这种刹那间的永恒在零售业屡见不鲜。对零售业来说，要是用人不当的话，就等于买了一张准备倒闭关门的门票。"

巴菲特的这番感慨是在他刚刚收购RC威利家具店——犹他州最大家具店之后发出的。1954年，当比尔从其岳父手中接下RC威利家具店时，其公司的年营业额只有25万美元。从这个基础开始，比尔在其兄弟谢尔登的协助之下，将公司的营业额一举提升到了1995年的2.57亿美元，拥有犹他州超过50%以上的市场占有率。

巴菲特曾经说过，凡是伯克希尔所收购的公司，都必须有值得他赞赏和信赖的管理人员。巴菲特主要考虑管理层的以下几个方面：

### 1. 管理层是否理智

分配公司的资本是最重要的经营行为。因为资本的分配最终将决定股东股权的价值。根据巴菲特的观点，如何决定处理公司的盈余，转投资或者是分股利给股东是一个牵涉理性与逻辑思考的课题。

巴菲特认为，对于不断增加的过剩现金，而管理者却无法创造平均水准以上的转投资回报率，那么唯一合理而且负责任的做法就是将盈余返还给股东。因此，管理者这时候应该提高股利或者买回股票。

一般来说，管理者会认为回报率过低只是暂时的情况，因此会选择继续投资。如果股东们一直忽略这个问题，那么现金将逐渐被闲置，股价也会下跌。一个经济回报率低、现金过剩、股价偏低的公司将会引来入侵者，而这将是丧失经营权的开始。如果这时候选择收购其他成长中的企业，巴菲特认为也会存在很大的风险。因为整合并管理新的企业很容易犯错，这些错误对股东来讲就是付出高昂的代价。

如果企业主管积极地投入股市买回自己公司的股票，就表示他们以股东的利益为第一优先，而不是只想草率扩展公司的架构。这样的立场会带给市场利多的信息，并吸引另外一批投资人，他们正寻找能够增加股东财富的绩优公司作为投资目标。

### 2. 管理层对股民是否坦诚

巴菲特极为看重那些完整且详实报告公司运营状况的管理人员，尤其尊敬那些不会凭借一般公认的会计原则隐瞒公司营运状况的管理者。他们把成功分享给他人，同时也勇于承认错误，并且永远向股东保持坦诚的态度。

因为财务会计标准只要求以产业类别分类的方式公布商业信息。有一些管理者利用这些最低标准，把公司所有的商业活动都归类为同一个产业类别，借此迷惑投资人，使得他们无法

-53-

掌握有关自身利益的个别商业心态。

他赞许那些勇于公开讨论失败的企业主管。根据巴菲特的说法，大多数年度报告都是虚假的。每个公司多少都会犯下一些大小不等的错误。他认为，大多数管理者所提出的报告都过于乐观，而不据实以报。这或许可以照顾他们自己的短期利益，但长此以往，每个人都会受害。

### 3. 管理层是否能够拒绝机构跟风做法

一次巴菲特在对圣母大学的学生演讲时，他展示了一份列有37家投资失败的银行机构的名册。他解释说，尽管纽约股票市场的交易量成长了15倍，但这些机构还是失败了。这些机构的主管都拥有非常高的智商，而且努力工作，对于成功更是有强烈的欲望。他们为什么会得到这样的结果呢？是因为同业之间不经大脑的仿效行为。

巴菲特认为，就好像旅鼠盲目地行动一样，企业的管理者会自然而然地模仿其他管理人员的行为，不管那些行为是多么愚蠢、多么违反理性。他承认，以前在学校他一直认为，企业界那些经验丰富的管理者都是诚实而聪明的，而且懂得做出理性的商业决策。等真正踏进了企业界，他才知道，一旦盲从在法人机构开始发酵，理性通常会大打折扣。

# 第三章 巴菲特教你选择企业

## 第一节 选择企业的基本准则

**选择有竞争优势的企业**

有些投资者在寻找投资目标时，往往只关注股价是否便宜。巴菲特告诉我们，选择企业时应关注企业业务经营状况，要选择那些具有竞争优势的企业进行投资。以一般的价格买入一家非同一般的好公司要比用非同一般的好价格买下一家一般的公司好得多。

巴菲特说："对于投资者来说，关键不是确定某个产业对社会的影响力有多大，或者这个产业将会增长多少，而是要确定任何所选择的一家企业的竞争优势，而且更重要的是确定这种优势的持续性。"

具有突出竞争优势的企业，具有超出产业水平的超额盈利能力，长期来说，能够创造远远高于一般企业的价值增值。

巴菲特始终遵循他的导师格雷厄姆的教导："我认为迄今为止最优秀的投资著作是本杰明·格雷厄姆的《聪明的投资者》，他在最后一章的最后一部分的开头写道：'当投资最接近于企业经营时才是最明智的。'"

巴菲特认为，股票并非一个抽象的概念，投资人买入了股票，不管数量多少，决定股票价值的不是市场，也不是宏观经济，而是公司业务本身的经营情况。巴菲特说："在投资中，我们把自己看成是公司分析师，而不是市场分析师，也不是宏观经济分析师,甚至也不是证券分析师……最终,我们的经济命运将取决于我们所拥有的公司的经济命运,无论我们的所有权是部分的还是全部的。"

巴菲特将他的投资成功归功于他的商业思维。他说:"我是一个比较好的投资者,因为我同时是一个企业家。我是一个比较好的企业家,因为我同时是一个投资者。"

巴菲特总是集中精力尽可能多地了解公司业务经营情况,他认为公司业务分析的关键在于竞争优势:

(1)企业的业务是否长期稳定,过去是否一直具有竞争优势?

(2)企业的业务是否具有经济特许权,现在是否具有强大的竞争优势?

(3)企业现在的强大竞争优势是否能够长期持续保持?

由于巴菲特是长期投资,所以他非常重视企业是否具有良好的长期发展前景。而企业的长期发展前景是由许多不确定的因素决定的,分析起来相当困难。巴菲特为了提高对企业长期发展前景的准确性,在选择投资目标时严格要求公司有着长期稳定的经营历史,这样他才能够据此分析公司是否具有良好的发展前景,未来是否同样能够继续长期稳定经营,继续为股东创造更多的价值。

巴菲特认为公司应该保持业绩的稳定性,在原有的业务上做大做强,才是使竞争优势长期持续的根本所在,因此巴菲特最喜欢投资的是那些不太可能发生重大变化的公司。

同时,巴菲特在长期的投资中深刻地认识到经济特许权是企业持续取得超额利润的关键所在。

巴菲特在伯克希尔1993年的年报中对可口可乐的持续竞争优势表示惊叹:"我实在很难找到一家能与可口可乐的规模相匹敌的公司,也很难找到一家公司像可口可乐那样10年来只销售一种固定不变的产品。尽管50多年来,可口可乐公司的产品种类有所扩大,但这句话仍然非常贴切。就长期而言,可口可乐与吉列所面临的产业风险,要比任何电脑公司或是通讯公司小得多，可口可乐占全世界饮料销售量的44%，吉列的剃须刀市场则有60%的占有率（以销售额计）。更重要的是，可口可乐与吉列近年来也确实在继续增加它们的产品在全球市场的占有率，品牌的巨大吸引力、产品的出众特质与销售渠道的强大实力，使得它们拥有超强的竞争力，就像是在它们的经济城堡周围形成了一条条护城河。相比之下，一般的公司每天都在没有任何保障的情况下浴血奋战。"

因此，巴菲特认为可口可乐是一个竞争优势持续"注定必然如此"的典型优秀企业。

巴菲特将竞争优势壁垒比喻为保护企业经济城堡的护城河，强大的竞争优势如同宽大的护城河保护着企业的超额盈利能力。

我们喜欢拥有这样的城堡："有很宽的护城河，河里游满了很多鲨鱼和鳄鱼，足以抵挡外来的闯入者——有成千上万的竞争者想夺走我们的市场。我们认为所谓的护城河是不可能跨越的，并且每一年我们都让我们的管理者进一步加宽我们的护城河，即使这样做不能提高当年的盈利。我们认为我们所拥有的企业都有着又宽又大的护城河。"

## 选择盈利高的企业

一家优秀的企业应该可以不借助债务资本，而仅用股权资本来获得不错的盈利水平。优秀企业的投资决策，会产生令人满意的业绩，即使没有贷款的帮助也一样。如果公司是通过大量的贷款来获得利润的，那么该公司的获利能力就值得怀疑。

巴菲特说："我想买入企业的标准之一是其有持续稳定的盈利能力。"

在他看来，一个公司的权益资本收益率与股东收益率是衡量公司盈利能力最重要的指标。

投资分析家通常用每股税后利润（又称为每股收益）来评价企业的经营业绩。上年度每股收益提高了吗？高到令人满意的程度了吗？巴菲特认为，这只是个烟幕。因为大多数企业都保留上年度盈利的一部分用来增加股权资本，所以没有理由对每股收益感到兴奋。如果一家公司在每股收益增长10%，那就没有任何意义。在巴菲特看来，这与把钱存到储蓄账户上，并让利息以复利方式累计增长是完全一样的。

"对经营管理获利状况最重要的量度，是已投入股权资本的收益状况，而不是每股收益。"巴菲特更愿意使用权益资本收益率——经营利润对股东的比例来评价一家公司的经营业绩。

采用权益资本收益率时，需做某些调整。首先，有价证券应该按投资成本而不是市场价格来估价。因为股票市场价格会极大地影响一家公司权益资本收益率。例如，如果一年中股价戏剧性地上升，那么公司的净资产价值就会增加，即使公司经营业绩的确非常优秀，但与这么大的股权市值相除，权益资本收益率也将急剧减小。相反，股价下跌会减少股东收益，从而会使平庸的盈利状况看起来比实际好得多。

其次，投资人也应控制任何非经常项目对公司利润的影响。巴菲特将所有资本性的收入和损失及其他会增减利润的特殊项目全部排除在外，集中考察公司的经营利润，他想知道，管理层利用现有资本通过经营能产生多少利润。他说，这是评判公司获利能力的最好指标。

巴菲特认为，衡量一家公司盈利能力的另一最佳指标是股东收益率。

高水平的权益投资收益率必然会导致公司股东权益的高速增长，相应也会导致公司内在价值及股价的稳定增长。长期投资于具有高水平权益投资收益率的优秀公司，正是巴菲特获得巨大投资成功的重要秘诀之一。

一般说来，管理层用来实现盈利的资本包括两部分：一部分是股东原来投入的历史资本，另一部分是由于未分配利润形成的留存收益。这两部分资本是公司实现盈利创造价值的基础。如果说公司当前的市值反映了股东历史投入资本所创造的价值，那么公司未来市值的增长主要反映了留存收益创造的价值增长。否则管理层利用股东的留存收益不但不会创造价值，而且会毁灭价值。

事实上，分析留存收益的盈利能力并不容易，需要注意的是必须根据不同时期的具体情况具体分析，不能仅仅计算总体收益率。

很多情况下，在判断是否应当留存收益时，股东们不应当仅仅将最近几年总的增量收益与总的增量资本相比较，因为这种关系可能由于公司核心业务的增长而扭曲。在通货膨胀时期，核心业务具有非凡竞争优势的公司，在那项业务中仅投入一小部分增量资产就可以产生很高的回报率。但是，除非公司销售量正处于巨大的增长中，否则出色的业绩肯定可以产生大量多余的现金。即使一家公司把绝大部分资金投入到回报率低的业务中，公司留存资产的总体收益情况仍然可能相当出色，因为投入到核心业务中的那部分留存收益创造了超常的回报。许多股东权益回报率和总体增量资产回报率持续表现良好的股份公司，实际上是将大部分的留存收益投入到毫无吸引力的，甚至是灾难性的项目之中。公司强大的核心业务年复一年地持续增长，掩盖了其他资本配置领域里一再重复的错误。犯下错误的经理们总是不断报告他们从最新的失败中吸取的教训，然后，再去寻找下一个新的教训。

因此，对于投资者来说，重要的是要看重企业的盈利能力。企业将来的盈利能力是投资人投资是否成功的关键所在。

**选择价格合理的企业**

是不是投资世界上最好的企业就一定会有最好的回报呢？巴菲特给了否定的回答，因为投资成功的一个必要前提是要在有吸引力的价位买入。

何谓有吸引力？就是股票的价格与我们计算的价值相比有足够大的安全空间。也就是说我们应当在企业的价值被市场低估的时候买入。这看似是小孩子都明白的道理，但在贪婪和恐慌面前，一切都会变得很复杂。巴菲特之所以能成为"股神"，正是源于他无比坚定的执行力，永远把安全空间放在第一位。

巴菲特说:"投资人只应该买进股价低于净值2/3的股票。"利用股市中价格和价值的背离,以合理的价格买入,然后在股价上涨后卖出,从而获取超额利润。

巴菲特认为,在购买任何股票前,投资者都要关注企业的市场价格与其内在价值,以保证在理想的价格上买进。不过他也认为,确定企业内在价值并不是一件容易的事情。内在价值的概念既严格又富于弹性,我们并没有一个人能够得出企业内在价值的公式,关键是你得懂这个企业。在巴菲特看来,如果一家企业的经营业绩出众,即使它在短期内被市场忽略了,但它的价值最终会随之上涨的。

投资者在寻找到具有持续竞争优势的企业后,买入其股票并不能保证他获得利润。他应该首先对公司内在价值进行评估,确定自己准备买入的企业股票的价值是多少,然后将该价值与股票市场价格进行比较。巴菲特称为"用40美分购买价值1美元的股票"。

格雷厄姆曾说:"最聪明的投资方式就是把自己当成持股公司的老板。"这是有史以来关于投资理财最为重要的一句话。试想一下,是不是大多数投资者正是由于没有将自己看成是企业的主人,而只是将它看成了短期获利的工具呢?所以,人们对企业的关心程度是不够的,甚至常常在对其并没有充分了解的时候就匆匆下手。如果我们能将自己看成是企业的主人,情况则会大不相同。我们会关心它,包括它的过去、现在与未来,它的成绩与失误,它的优势与劣势,明白了这些,我们对企业的价值到底有多少也会做到心中有数。这样也有助于我们确定该企业股票的合理价格。

使用自己的投资系统是巴菲特的一个天性。他不再需要有意识地思考每一个行动步骤。

例如,巴菲特经常谈到根据长期国债的当前利率将估算出的企业未来收益折现以判断企业现值的方法。但他真是这样做的吗?根据他的合伙人查理·芒格所说,事实并非如此。芒格曾在伯克希尔公司的一次年会上说:"我从没见他这么做过。"这是因为巴菲特的行动是下意识的。

当他看到一家他了解的企业时,凭借数十年的分析企业价值的经验,他的潜意识会生成一幅精神图像,展现出这家公司在10到20年后的样子。他可以简单地比较两幅图像,也就是这家公司今天的状况和未来的可能状况,然后立刻做出是否购买这家企业股票的决策。

当超市里的一名购物者看到他最喜欢的肥皂正以5折出售时,他不需要做复杂的计算就知道这是划算的价格。巴菲特同样不需复杂的计算就能知道一家公司的售价是否划算。对他来说,一个投资对象是不是便宜货是显而易见的。

当巴菲特于1988年购买可口可乐的股票时,这家公司的每股收益是36美分。这些收益产生于1.07美元的每股净资产,因此可口可乐的净资产回报率是33.6%。而且,它的净资产回报率在过去的几年中一直保持在这个水平。假设可口可乐的净资产回报率和分红率均保持不变,那么在10年内,它的每股收益将增长到2.13美元。

在巴菲特购买可口可乐的股票时,该股的市盈率在10.7~13.2之间。按这个倍数估算,可口可乐的股价将在未来10年内达到22~28美元。

巴菲特的目标投资收益率是15%。他的平均买价是每股5.22美元,按15%的年回报率计算,可口可乐的股价应该在10年后上涨到21.18美元。

巴菲特购买的是一家企业的股份。如果企业本身是健康的,股市的波动不算什么,可口可乐的收益不会受到影响,而且仍会增长。事实上,巴菲特可以估算出,可口可乐在此后10年中的每股分红累计将达5美元左右。

结果,在1998年年末,可口可乐的市盈率达到了46.5美元,股价为6.07元。巴菲特的平均买价是5.22美元,所以他的年复利率是28.9%。这还不包括分红。

即使你决定要像巴菲特那样做一个理性的投资者,可是你并不知道一个企业的股票到底值多少钱。巴菲特认为,要解决这个问题,一半靠科学的分析,一半靠天赋。他说:"你应当具备企业如何经营的知识,也要懂得企业的语言(即知道如何看懂那些财务报表),对于投资的某种沉迷,以及适中的品格特性,这可是比智商高低更为重要的因素,因为他将增进你独立思考的能力,使你能够避免不时在投资市场上传染的形形色色的大面积的歇斯底里。"

## 选择有经济特许权的企业

许多投资者所犯的错误是认为企业股票的价格及其涨落取决于其与竞争对于竞争的情况。用简单的话说,就是取决于它的经济特许权。但请记住,我们买的不是股票,而是企业。作为企业买主,我们必须认识到有许多力量影响着股票价格——这些力量往往与企业的实力及其经济特许权有关。

巴菲特说:"经济特许权是企业持续取得超额利润的关键。"

与没有经济特许权的企业相比,拥有经济特许权的企业被淘汰的可能性要小得多。长期的盈利预测也比较容易做出。

巴菲特认为,一个出色的企业应该具有其他竞争者所不具有的某种特质,即"经济特许权"。那些具有经济特许权的企业在市场上有着一种特别的能力,其他企业就不能挤进这一领域与你竞争,更不可能与你展开价格战,分享你的利润。巴菲特曾经将企业的经济特许权价值描述为一条环绕企业城堡的护城河。这些特权给企业加装了一道安全防护网,使其在多变的商业世界里多了一份保障。

根据巴菲特的观点,整个经济世界可划分为两个团体:有特许经营权的企业形成的小团体和一群普通的商业企业组成的大团体。后者中的大部分企业的股票是不值得购买的。巴菲特把特许经营定义为:一家公司提供的产品或服务有市场需求甚至是强烈的需求,并且没有比较接近的替代产品,没有受到政府的价格管制。这些特许经营型企业有规则地提高它们的产品或者是服务的价格,却不必担心失去市场份额。特许经营型企业甚至可以在需求平稳、生产能力未充分利用的情况下提价。这种定价的灵活性是特许经营的一个重要特性，它使得投资可以得到超乎寻常的回报。特许经营企业另一个明显的特点是拥有大量的经济信誉，可以更有效地抵抗通货膨胀带来的负面影响。

相反，普通的商业企业所提供的产品或者服务与竞争对手往往大同小异或者雷同。几年前，普通的商品包括油料、汽油、化学品、小麦、铜、木材和橘汁。如今，计算机、汽车、空运服务、银行服务和保险业也都成了典型的日用商品。尽管有巨大的广告预算，它们的产品或者服务仍然与竞争对手没有实际意义上的区别。

具有经济特许权是出色企业的特点，与没有经济特许权的企业相比，它今后20年的情况更容易预测。从踏入投资行业开始，巴菲特便对这种具有特许权的公司有着极为浓厚的兴趣。在他看来，在普通企业遭遇危机的时刻，那些具有经济特许权的企业虽然也可能受到影响，但它们的经济特许权的地位却是不可动摇的。而且在这样的时刻，股价一般都会下跌，这正是买入的大好时机。

就像可口可乐公司，它拥有全世界所有公司中价值最高的经济特许权。"如果你给我1000亿美元用以交换可口可乐这种饮料在世界上的特许权，我会把钱还给你，并对你说：'这不可能。'"

对企业所有者来说，经济特许权意味着很难遇到竞争。虽然可口可乐比一般饮料贵，但喜欢可口可乐的人不会在乎。你无法通过降价与可口可乐竞争，这也是经济特许权存在的一个表现。人们很难与易趣竞争，因为它拥有世界上最大的网上拍卖市场。人们之所以很难与吉列竞争，是因为它拥有大量忠实的客户。迪士尼、箭牌糖果公司也是如此。

经济特许权并不限于热爱一种产品。虽然许多人对微软公司不满，却依旧使用视窗软件，因为大量软件需要依赖它运行，一定程度上可以说是被迫使用。虽然人们也许对附近的沃尔玛超市给邻居的百货店带来的遭遇不满，却仍然在沃尔玛购买小百货，因为那里的小百货便宜得让他们无法拒绝。沃尔玛具有价格特许权。

特许经营通常会形成盈利优势。优势之一表现在可以自由涨价从而获得较高的盈利率。另一点则是在经济不景气时，比较容易生存下来并保持活力。巴菲特认为，持有一家即使犯了错误，利润仍能超过平均水平的企业的股票是值得的。"特许经营企业可以容忍管理失误，无能的管理者可能会减少它的盈利能力，但不会造成致命的损失。"

拥有特许权的企业更加引人注目的一点在于，它们能够与通货膨胀保持同步。换言之，成本上涨时，它们能够提价。即使可口可乐、吉列剃须刀或者星巴克的大杯咖啡今天的价格比昨天要贵，人们也仍然会购买这些商品。

如果你理解了所谓经济特许权类型的企业，你便不难从众多的股票中把它们找出来。如果你恰好以一个合适的价格买进此股票，并长期持有它的话，那你的投资几乎是零风险。

## 第二节　公司管理层优秀的 8 个标准

### 寻找优秀的管理层很关键

一般来说，如果你选对了人，就能选对企业，所以投资者要多关注企业的管理层品质。

1986 年巴菲特致股东信里说："我和芒格平时通常只有两个工作。其中一个就是邀请优秀的经理人来管理我们的子公司。这项工作对我们来说并不太难。因为在我们收购一家公司时，通常该公司原本的经理人就早已在这个行业充分显现出他们的才能了，我们所要做的其实很简单，就是不要妨碍他们就好了。这是非常重要的一点。这就好比我的工作是组织一支高尔夫球队。如果尼克劳斯或阿诺帕玛在这支球队里，我确实不必费心教他们如何挥杆。"

巴菲特认为，一个优秀的企业必然需要拥有一个优秀的企业管理层。如何为企业寻找优秀的管理层非常关键，最好的方法就是在购并企业时直接把企业的管理层留下来。

巴菲特在购并企业时非常注重该企业管理层是否足够优秀。如果企业的管理层不够优秀，那么一般来说企业的经营业绩就不会多么出色，就不足以吸引巴菲特的投资目光；如果管理层很优秀，又愿意留下来继续经营企业，巴菲特就会很乐意地购并企业；如果管理层很优秀，但不愿意继续留下来工作，那么十有八九巴菲特就会放弃这项购并。

通常，一家公司被其他公司收购后，收购公司都会找新的经理人来掌管这家公司，但伯克希尔公司是个特例。伯克希尔公司每年都会在自己的年报上刊登一小块公司收购广告。在这简短的收购标准中，其中有一条就是公司要具备优秀的管理层，而且伯克希尔公司还郑重声明，伯克希尔公司无法提供这样的公司管理层。只要公司不具有优秀的管理层，伯克希尔公司就不会讨论任何收购事宜。相反，如果公司具备这样的优秀管理层，那么伯克希尔公司将会为这些优秀的公司和经理人提供一个非常理想的归属。伯克希尔公司会给予这些经理人广阔的施展舞台，不会干涉他们的经营，只会在他们需要协助时给予他们一定的支持。

著名管理学家柯林斯在撰写两本企业管理相关书籍时作了很多的采访和研究，最后他惊奇地发现，对于企业所有者来说，最大的问题并不是企业的战略问题，而是企业的管理层问题。企业管理层的能力和品质，在很大程度上决定着该企业的发展走向和竞争优势。一旦企业能够找到优秀的管理层，那么该企业的发展前途就不可限量。

上市公司对各种资源进行计划、组织、实施和控制以达到其既定目标，公司董事长和公司高层领导班子的能力十分重要。

1. 高层的竞争意识

公司的高级管理层只有具有了强烈的竞争意识，才能永不满足、锐意进取，积极推动公司迈向长足发展。管理层是否具有强烈竞争意识,关键是看管理层群体是否充满活力,要看其是否具有一种强烈的从事管理工作的欲望,群体中每个人是否有影响他人的欲望,是否有与下属人员共同努力取得成果的欲望。

2. 高层的专业能力

股民所关注的专业能力是公司管理层的整体专业能力,而不是一两个人,而且管理层知识结构要合理,管理、销售、财务等方面都不能偏废。

3. 高层的沟通协调能力

领导的艺术很大程度上在于沟通协调。融洽的关系是协同作战的前提条件。这种沟通不仅仅局限于公司内部,也包括公司外部的各种顾客、供应商、政府部门、社团的沟通等。

股谚有云:"选股要选董事长。"此话不无道理。一家公司的成败,公司领导人要负 70% 的责任。

**公司管理层影响着公司内在价值**

企业的管理层对企业的长期发展有重大影响。在选择投资企业时,投资者一定要记得观察企业的管理层状况如何。只有选对了管理层,投资的回报才会更丰厚。

1987 年巴菲特在致股东信中说:"伯克希尔公司旗下的世界百科全书、科比吸尘器公司、斯科特·费策公司等都是拉尔夫一个人领导的,要知道,拉尔夫一个人就担任 19 个企业的首席执行官。即使如此,伯克希尔公司在 1986 年收购斯科特·费策公司后的业绩表现就出乎预料,1987 年的业绩表现更是再上一层楼,税前利润提高了 10%,可是成本却大大降低。"

在巴菲特看来,投资债券和投资股票是不一样的。当然,股票、债券的内在价值,都取决于所预测的公司未来一些年的自由现金流经过一个适当的利率折现后所得到的期望值。但是,股票和债券还是有差别的。债券有债票与到期日,我们可以清楚计算出投资债券的收入,但是股票没有固定的到期日和价格。投资者只能够自己根据企业的经营业绩去估计自己投资股票的收入。由此可见，因为债券的债息和公司的业绩没太大关系，所以管理层的好坏对于公司债券的影响非常有限；而股票的分红和公司的业绩关系非常密切，所以管理层的好坏对于公司股票的影响非常大。

在巴菲特的投资生涯中，他非常看重公司管理层的品质。因为他知道公司管理层的品质将会对公司的长期竞争优势产生莫大的影响，从而影响公司的内在价值。巴菲特曾经说过，优秀的管理层就是一块无价之宝。在收购公司的过程中，如果公司管理层足够优秀，也愿意留下来继续工作，那么他会愿意用比较昂贵的价格收购这个公司；如果优秀的管理层不愿意留下来工作或者公司的管理层不太出色，那么即便公司出再低的价格，他也不太愿意收购。

在巴菲特心中，斯科特公司的总裁拉尔夫就是一位非常优秀的管理者。1987年《世界百科全书》推出了新版本，这次新版本的改动很多。全套书籍中的彩色照片从原来的14000幅增加到24000幅，重新编写的文章超过6000篇，参与编写的作者多达840位。从1982年到1987年，《世界百科全书》在美国地区的销售量每年都创新高，在其他国家的销售量也有大幅度增加。《世界百科全书》的销售量比其他所有同类型的书籍的销售量多得多。把企业交给这样优秀的经理人来管理，企业的内在价值自然就会上升了。

**有很优秀的资金配置能力**

资本如何配置对企业的发展至关重要，而资本配置主要取决于企业管理层的决定。

1983年巴菲特在致股东的信中说："我们希望不要重复犯下资金配置错误导致我们投入逊色的产业，同时也对于那些认为只要投入大量资本支出便能改善盈利状况的建议不予理会。打牌似的管理行为并非我们的投资风格。我们宁可整体的结果逊色一点也不愿意花大把银子处理它。"

巴菲特认为考察企业的管理层是否优秀，首先就要考虑管理层的资本配置能力。因为从长远来看，资金分配决定了股东投资的价值。如何分配公司盈利——继续投资还是分配给股东的决策是一个逻辑和理性问题。

巴菲特认为，真正优秀的管理层，可以充分发挥高超的资本配置能力，能够把企业充裕的资金投入到具有高回报率的项目中，从而促使企业内在价值增长，股东权益增加；而那些缺乏资本配置能力的管理层，经常把企业充裕的资金投入到一些毫无起色的项目中，不仅损害了股东的权益，甚至还会降低企业的内在价值，影响企业的长期发展。

很多股票专家认为，股票市场通常会高估公司短期收益，而低估长期盈利水平。所以他们觉得公司如果削减资本支出和研究开发费用，将会实现短期利益最大化，从而推动股价不断上涨。但巴菲特并不赞同这样的观点。他觉得，只有将资金用于资本支出和研究开发，才能够提升公司产品的优势，从而巩固公司的长期竞争优势，提高公司的长期盈利水平。一旦公司的长期盈利水平提高了，企业的内在价值就会提高，而股票市场虽然短期是一架投票的机器，但长期却是一架非常公平的天平，所以股票价格自然也会上涨，而这种上涨是实实在在的，和那种短期上涨是不一样的。股价的短期上涨，说穿了其实就是股市泡沫。

事实证明巴菲特的观点是正确的。1985年，美国几位金融专家通过研究投资活动和股价变动规律发现，对于美国股市中的大多数工业类股票而言，每当上市公司发布增加有计划的资本性支出公告后，股价就会大幅度上涨；相反，每当上市公司发布减少有计划的资本性支出公告后，股价就会大幅度下跌。另一项针对几百家上市公司的战略性资本支出与投资决策的权威性调查也发现，在美国股票市场中，只要上市公司发布兼并、增加研究开发费用、开发新产品、增加资本性支出公告，公司的股价通常都会有显著上涨。

巴菲特在投资的过程中，也发现了一种奇怪的现象：很多企业的管理层也都非常聪明能干，但是在资金配置方面却喜欢跟风行动。一旦同行有什么新的政策或者投资方案,他们也会很快采取类似的政策和投资方案。如果投资者看过倒闭的投资银行名单,就会发现,尽管纽约股票交易所的规模比过去增加了15倍,可是这张名单上的银行规模仍然有37家。而这些银行倒闭的原因并不是因为它们的管理层不够优秀,事实上他们非常聪明能干,可是他们却犯了一个非常低级的错误,那就是他们盲目地跟风同行公司的业务。结果,一家投资银行倒了,其他家也跟着倒下了。

**能够帮助企业渡过难关**

管理层是否优秀,在企业陷入困境时体现得更为明显。越是优秀的管理层,越能够让企业起死回生,峰回路转。投资者就应该寻找具有这种优秀经理人的企业。

1987年巴菲特在致股东信里写道:"接下来是一点记忆回顾。大部分伯克希尔公司的大股东是在1969年清算巴菲特合伙事业时取得本公司股份的。这些合伙的伙伴可能还记得当初在1962年,我们控股的登普斯特农用机具制造公司经营出现了很多问题。就像现在一样,当我解决不了问题的时候我就会去找芒格,芒格向我推荐了一位他在加州的朋友哈里。一星期后,他就来到内布拉斯加州来管理登普斯特公司,很快很多问题立刻得到了解决。"

巴菲特认为,优秀的管理层对企业来说不可或缺,无论企业优秀与否,每个企业都有可能陷入困境。很多时候只有这些优秀的管理层才让企业死里逃生,渡过难关。

在巴菲特的伯克希尔王国中,存在着很多优秀的管理层。巴菲特觉得,如果企业的资质很好,那么由普通的管理层管理企业一段时间,也不会发生什么大问题。就像巴菲特说的,如果让他那憨厚的表弟去管理可口可乐一段时间,可口可乐公司也不会发生什么大问题,最多就是业务轻微下滑,根本不会伤着可口可乐的根基。但是,一旦企业遇到问题,这时候优秀的管理层就显得非常重要。只有优秀的管理层才能够带领企业克服困难，重拾活力，而这是普通管理层无法做到的。

哈里就是一位巴菲特认为非常优秀的经理人。1962年，巴菲特控股的登普斯特农用机具制造公司经营出现了重大问题。在芒格的力荐下，巴菲特邀请哈里来管理登普斯特公司，结果哈里很快就带领公司走出了困境，迈上了正轨。1986年，伯克希尔旗下的K&W公司也遇到了经营的难题。K&W公司是一家专门生产自动机具的小公司。以前这家公司的经营业绩都还不错，可是，在1985~1986年其经营突然发生了状况，当时的公司管理层放弃生产一直销售良好的产品，盲目追求依照实力却达不到的产品。看到K&W公司陷入这样的困境，负责监督K&W的芒格又一次找到哈里，聘任哈里为该公司的CEO。哈里的表现依然那么出色。很快K&W公司的经营问题就解决了。1987年，K&W的盈利水平就创下新高，净利润比1986年增长了3倍，而且产品库存和应收账款也少了20%，不但一举摆脱了原来的困境，还使K&W公司的发展更上一层楼。看到哈里如此出色的表现，巴菲特幽默地说，如果伯克希尔公司在今后的10年或20年中也遇到了同样的经营问题，不用说大家也知道他会打电话找谁了。巴菲特的话很显然就是找哈里这个能帮企业渡过难关的优秀经理人。

## 能够成为企业的一部分

如果在投资的过程中，你碰到哪家企业的管理层对企业倾注心血，鞠躬尽瘁，几乎都把企业当做自己所有的一样来认真管理，那么你可以选择投资这家企业，他会把为股东赚钱当做为自己赚钱一样尽心尽力的。

1982年巴菲特在给股东的信里说道："今年我们有两位明星经理人退休了，分别是国家产险公司65岁的菲尔利舍和美联社零售公司79岁的罗斯纳。这两个人的优异表现让伯克希尔公司变得更为富有。国家产险公司是支持伯克希尔公司发展的中流砥柱。菲尔利舍和继承他职位的林沃特都是该公司成功的主要推手。在1967年将美联社零售公司以现金卖给多元化零售公司后，罗斯纳原本仅承诺做到当年年底，如今他又继续做了15年，依然表现得非常杰出。菲尔利舍和罗斯纳两人都为伯克希尔鞠躬尽瘁，他们对待公司的热忱和尽责就仿佛在管理他们自己拥有的公司一样，根本无须制定很多额外的规则来约束他们。"

巴菲特本身就是一个把企业当做自己100%拥有的企业来对待的经理人。虽然巴菲特是伯克希尔公司的大股东，但伯克希尔公司并不是巴菲特一个人的，而是属于伯克希尔所有股东的。但巴菲特总是认真做好每一次投资，从不因为自己手中握有大量伯克希尔公司的现金就随意投资。巴菲特认为，股东的每一分钱都是很重要的。每投资一分钱，就必须赚回一定的利润，利润至少不能低于企业的平均增长率，这样才能对得起公司所有的股东。巴菲特说，他管理伯克希尔公司的长远目标，就是要实现公司每股内在价值的增长率达到最高，为股东们谋取最高的回报。

因为巴菲特在寻找投资企业时，通常只会投资于那些管理层非常优秀的企业。所以伯克希尔公司旗下有太多像菲尔利舍和罗斯纳这样把别人的企业当做自己100%拥有的企业来管理。

内布拉斯加家具店的B夫人是巴菲特非常崇拜的一个人。当内布拉斯加家具店被伯克希尔公司收购时，布朗金太太已经90岁了，但她并没有马上回家休息，相反地，她仍然担任公司的负责人，每周七天都待在商店，其中销售地毯更是她的专长。她一个人的业绩便足以打败所有其他零售业者。当地的报纸曾形容她每天工作完便回家吃饭睡觉，每晚等不到天亮便急着要回店里上班。她一天所决定的事情可能比一家大公司总裁一年内决定的事还多。她并不缺钱，当时伯克希尔公司收购内布拉斯加家具店时付给了她一大笔钱。她这么费心费神，只是因为她把这个家具店当成是自己100%拥有的，希望这个家具店的发展越来越好。

**可以把回购股票看作是风向标**

除了那些恶意回购股票的交易外，一般来说，我们可以把回购股票当做是衡量企业股票物有所值的风向标。如果某个企业开始回购股票，那么你就可以选择投资该企业。

1984年巴菲特在致股东信里写道："如同去年我报告过的，1983年GEICO宣布实施库藏股买回自家股票。我们签署协议同意GEICO自我们手中买回等比例的股份，最后我们卖给GEICO 35万股，并收到2100万美元的现金。而同时我们在GEICO的持股比例则维持不变。"

巴菲特认为，一个优秀的企业要有一个优秀的管理层很重要。可是要衡量一个企业的管理层是否优秀，这并不容易。巴菲特觉得投资者可以把回购股票当做管理层优秀的一个标志。

在巴菲特看来，公司管理层对自己的公司经营情况最了解。如果企业管理层觉得现在的股票价格低于其内在价值，那么公司管理层回购股票是非常正确的做法。这样做至少有两点好处：第一，管理层选择回购股票，这充分体现了管理层更重视的是股东的权益，而不是盲目地扩张公司的架构。这样的立场使得原有的股东与有兴趣的投资人将对公司的前景更具信心，股价就会上涨，从而与其内在价值更为接近；第二，公司回购股票的行为，让投资者明白，公司股票的内在价值是超过它现有的价格的，这对于继续持股的投资者来说是非常有利的。

1984年，伯克希尔公司的三大投资公司政府雇员保险公司、通用食品公司和华盛顿邮报公司都回购了大量股票。从这次回购的过程中，伯克希尔公司通过出售一定份额的股票获得了很多现金。但事实上，伯克希尔公司所持有的股份比例却还是和原来一样。例如伯克希尔公司就出售了35万股股票给政府雇员保险公司，获得了2100万美元的现金。但是由于政府雇员保险公司回购股票后在外流通的股票变少了，所以伯克希尔公司在政府雇员保险公司的持股比例依然没有改变。

巴菲特对于这种回购股票的做法非常赞同。在巴菲特看来，如果一家公司拥有良好的经营业绩、很小的财务杠杆、持续的竞争优势，但是股票价格远远低于其内在价值时，保护股东权益的最好方法就是回购股票。

巴菲特认为股票回购的回报是双重的。如果股票的市场价格低于其内在价值，那么回购股票就有良好的商业意义。例如，某公司股票市价为 50 美元，内在价值却是 100 美元。那么管理层每次回购时，就等于花费 1 美元而得到 2 美元的内在价值。这样的交易对余下的股东来说，其收益非常高。

巴菲特进一步认为，公司经理们在市场上积极回购股票时，是在表示他们以股东利益最大化为准则，而不是不计较效益盲目扩展公司资产与业务。这种立场向市场发出了利好信号，从而吸引其他正在股市上寻找管理优秀且可以增加股东财富的公司的投资者。此时，股东通常可以得到两项回报——第一项是最初公开的市场上的购买，紧接着是因投资人的追捧而造成的股价上扬。

当然了，不是所有的回购股票行为都是好事情。近年来有一些公司管理层为了自己的私人利益，和某些公司的大股东私下进行回购股票的交易。通常他们都把回购股票的价格定得过高，这样被回购股票的股东可以从中获利，而企业管理层也将暗中获得一部分好处，最终损害了那些毫不知情的股东权益。

## 评估企业管理者的两项硬指标

投资者在考察企业的管理层是否优秀时，一定要把重点放在管理层的管理才能和人格品质上。只有两者兼备的管理层，才能为股东带来更多的回报。

巴菲特在 1984 年的信里写道："很多人常常问我，B 夫人经营到底有什么诀窍。其实她的诀窍也没什么特别的，就是她和她的整个家族对事业抱的热忱与干劲，会让富兰克林与贺拉旭·阿尔杰看起来像辍学生。踏踏实实去实施她所决定要做的事情。能够抵御外部对公司竞争力没有帮助的诱惑。拥有高尚的人格。我们对 B 夫人家族的人格信任可从以下收购过程中反映出来：在没有找会计师查核，没有对存货进行盘点，没有核对应收账款或固定资产的情况下我们就交给了她一张 5500 万美元的支票，而她给我们的只是一句口头承诺。"

优秀的管理者可以把平庸的公司变成伟大的公司,而糟糕的管理者可以把伟大的公司变成平庸的公司。企业的管理层是否优秀,我们通常从公司的业绩和管理层的品质这两个方面来衡量。

1. 公司的业绩

公司业绩的高低,能够在一定程度上反映出公司管理层的管理才能。一方面,优秀的公司管理层能够给股东创造更大的收益回报;另一方面,更大的收益回报又只有在优秀的公司管理层身上才能实现。

B夫人和她的家族都是优秀的经理人,而这也体现在内布拉斯加家具店的经营业绩上。在金融危机严重的2008年,内布拉斯加家具店在奥马哈和堪萨斯城的店的销售额不仅没有减少,反而还分别增加了6%和8%,两个店的销售额双双达到大约4亿美元。巴菲特在2008年年报里说,这些非凡的业绩主要归功于其优秀的经理人。

2. 管理层的品质

巴菲特认为,一个优秀的管理层,不仅要具有非凡的管理才能,更重要的是要有优秀的人格品质。

B夫人就是一个具有优秀品质的人。她人格高尚,对朋友真诚以待,对事业充满激情,对生活满怀热忱。1984年5月中的一个特殊的日子里,B夫人获得了纽约大学的荣誉博士学位,而在此之前获得如此殊荣的有埃克森石油公司总裁、花旗银行总裁、IBM公司总裁等企业精英。也许你会以为B夫人是名校商学院毕业的,其实不然。B夫人从来没有真正上过学,所以从这一点上看,B夫人一点也不逊于这些国际知名公司大总裁。而令巴菲特庆幸的是,B夫人的儿子们也遗传到了她的优良品质。

**好的董事会能够控制经营风险**

投资者在寻找投资公司时,如果发现某家公司的董事会能够满足下面的5个方面,则表明该公司能很好地控制经营风险,那么投资于该公司就不失为一个明智的选择。

2004年巴菲特在致股东的信里写道:"伯克希尔公司的董事会堪称典范。每位董事至少有400万美元以上身家在伯克希尔公司。而且董事会里没有任何股份是靠认股权或赠予取得的。董事们领取的酬劳相较于自身的年所得都极其有限。"

巴菲特认为,一个企业正常的运转,固然离不开优秀的企业管理层,但企业拥有一个优秀的董事会也是非常必要的。因为优秀的董事会能够控制企业的经营风险,最大限度地维护股东的权益。

那么如何衡量企业的董事会是否优秀呢?巴菲特认为,应该主要从以下几个方面考虑:

1. 董事会的独立性

投资者可以读一读股东委托书,看看董事会外部成员和内部成员的比例是多少,究竟有多少外部董事实际上是独立的。董事会的大部分成员不应该与公司有任何形式的关系,他们与公司的唯一关系就是他们担任董事职务时应该为公司提供的服务。如果发现他们之间存在任何商业上的关系,例如房地产交易、法律费用或者咨询合同,那就意味着这个董事并不是真正独立的。

2. 董事会的参与程度

通常情况下,一年至少应该开4次会,多一些更好。标准普尔500大企业在2000年每个企业平均召开8次会议。各种委员会召开会议的次数应该不少于全体董事召开会议的次数,尤其是审计委员会召开会议的次数。董事会成员参加会议的次数比例应该达到90%。在委托书中,必须列出参加定期会议的次数比例少于75%的董事名单。如果这些董事没有达到这个要求,那就证明他们对公司并没有投入多少关注。

3. 董事会的规模

通常情况下,董事会成员人数一般应该为5~15人。董事会规模过大将难以控制,而规模过小则使公司不能得到多方的观点和所需的技巧。在网络公司大潮中,许多新兴公司(如雅虎)董事会只有6~8个成员,并且和管理层有不同程度的联系。我们从大多数网络公司的表现能看出来,这些公司的董事会规模受到了误导。

### 4. 董事会的薪酬

投资者考察董事会的好坏时,需关注董事会的薪酬是否真的和公司的业绩表现挂钩。大多数公司的所谓"绩效目标"是由董事会的专门委员会制定的,这个委员会在CEO利益可能受损时会重新修改规定。例如,在2001年,可口可乐公司董事会把CEO道格拉斯·达特5年内每年15%的盈利增长目标降到了11%。对这样的变化你可以自己来判断,毕竟,如果业绩目标不能实现就不能激发CEO的激情,你也可以问为什么董事会不能在第一次就设定一个更现实一点的目标。不管怎样,目标改变了,但潜在的报酬还原地不动,它是一个负面的信号,因为它表明当业绩下滑的时候,董事会不愿意使用减少CEO的奖金数目来作为惩罚。此外,为完成一个收购计划而奖励公司董事会也需引起我们的注意。支付大量的奖金仅仅为了一个已经成为过去的交易,它只会鼓励管理层草率做出更多的交易。

### 5. 董事会的年度选举

一般来说,整个董事会一年进行一次选举,对投资者是最有利的。但是大约60%的公司董事会采用的却是董事交错任期制,通常这意味着每年改选1/3的董事,每位董事任期有3年。在恶意收购的时代,这使公司能够防止收购公司突然替换公司全部董事会成员,但是这也意味着股东对代表他们权益的董事缺乏有效的控制。投资者最好挑选那些每年都进行董事会选举的公司。

## 第三节  什么行业最值得投资

**投资易于了解的行业**

投资人财务上的成功,和他对自己所投资对象的了解程度成正比,以这样的了解,可以区别以企业走向作为选股依据的投资人,和那些带着一夜暴富的投机心态,整天抢进抢出,却占了绝大多数的投资人。

巴菲特说："既然我们在 30 年前并没有预见计算机行业会出现如今的情况，而且大多数投资者和公司经理也没有预见到。那么，为什么我现在非得认为我可以预言其他快速发展的公司的将来？我们反而要专注于那些易于了解的行业。"

通过把自己的投资范围限制在少数几个易于了解的行业，一个聪明伶俐、见多识广的人就可以比较精确地判断这些风险。

多年来，巴菲特只专注于那些易于了解的行业，所以他对伯克希尔所投资的企业一直有高度的了解。他建议投资人，在竞争优势圈内选股，如果一个企业的技术太复杂，超出了自己的了解范围，最好不要投资。

有人认为巴菲特只在他了解的范围内选择企业，使得自己没有机会接触如科技等具有极高投资潜力的产业。巴菲特却坚持，投资的成功与否并非取决于你了解的有多少，而在于你能否老老实实地承认自己所不知道的东西。他认为，投资人并不需要做对很多事情，重要的是不能犯重大的过错。在巴菲特的经验里，以一些平凡的方法就能够得到平均以上的投资成果，关键是你要把一些平凡的事做得不平凡。

从巴菲特的投资中，我们很容易便看出他的这种做法。他对网络科技股总是避而远之。相反，他青睐那些传统意义上的、为他所了解的盈利前景较为明朗的企业，如保险、食品、消费品、电器、广告传媒及金融业。

巴菲特多年来一直拥有的企业有以下一些：加油站、农场开垦公司、纺织厂、连锁性的大型零售商、银行、保险公司、广告公司、铝业及水泥公司、报社、油田和矿产开采公司、食品、饮料、烟草公司以及无线和有线电视公司。有些企业他拥有控股权，有些企业他只是拥有部分的股票。无论哪一种情形，巴菲特总是明确地掌握这些企业运作的状况。他了解所有伯克希尔持股公司的年收入、开销、现金流量、劳资关系、定价弹性和资本分配等情况。

巴菲特对可口可乐十分热衷，主要的原因之一是它的业务非常简单，易于了解。

巴菲特基于对保险业的深刻了解，投巨额购买 GEICO 的股票。一年后，巴菲特卖掉手上的 CEICO 股票，赚得 50% 的利润。

巴菲特表示："让我们想象你已经离开了 10 年，现在你想进行一个投资，你知道的就是你目前了解的一切，而且当你走的时候你也不能够改变什么，这时你会怎么想？当然企业必须要简单而且容易了解，公司必须在过去几年中表现出许多企业的平稳性，而且长期的前景也必须是看好的。"

投资者应把自己的投资范围限制在少数几个易于了解的行业，盲目投资不了解的行业是不明智的。一个理性而见多识广的投资者应当可以比较精确地判断这样做的风险。

有些投资垃圾债券的投资者看好垃圾债券发行公司的前景，认为这些公司的经理有着给投资者以良好回报的想法。可事实上，这些垃圾债券的经营者却通常有另外的意图。他们就像吸毒者，不是把精力放在寻找治愈其满身债务的良方上，而是把精力放在寻找另一次毒品注射上。债券的追捧者们当时都相信大崩溃不会发生，他们甚至天真地认为，因为巨大的债务将使管理人员前所未有地关注绩效管理，正像人们期望一把镶嵌在轿车方向盘上的匕首也许可以使司机非常警觉，但如果轿车遭遇不好的路况，哪怕是最小的坑洞，也会产生致命的事故。而事实上公司运营的道路上到处都是坑洞，所以那种要求司机躲避所有坑洞的计划注定会遭遇彻底的失败。

作为普通投资者，我们完全不必受指数短期波动的影响，可以选择容易了解的行业和公司，从行业景气度趋势、企业成长趋势和股价运行趋势三者中去寻找共振的股票，长期持有。

为了减少精力消耗，投资者可以只考虑比较熟悉或者容易了解的行业，前者例如电力设备，后者例如采矿业、房地产；难了解的行业即使前景好也不参与，例如医药、化工材料。

这些较容易了解的行业及公司有着相同的特征：基本面优

良、盈利情况良好及稳定的分红，除此之外还有高速、机场、汽车等低市盈率行业里也都有黄金可挖，投资者在未来的操作中可多加关注，相反对于一些高深莫测的概念，利润就留给别人吧。

## 生意不熟不做

投资能不能成功，并不在于你能够评估出内在价值的公司股票数量的多少，而在于你是不是冒险投资那些你没有能力评估出内在价值的公司股票。做自己没有能力做的事，只会失败；买自己没有把握的公司股票，只会失败。

巴菲特说："我们没有涉足高科技企业，是因为我们缺乏涉足这个领域的能力。我们宁愿与那些我们了解的公司打交道。"要去那些我们了解的有明显优势的领域施展本领，不要去那些我们没有优势只有劣势的领域参与竞争。

中国有句古话叫："生意不熟不做。"巴菲特有一个习惯，不熟的股票不做，巴菲特的这种理念也许可以解释他为什么一直对高科技股不感兴趣的原因吧！

正是因为巴菲特坚持"不熟不做"的观点，多年来他对科技企业避之唯恐不及，并成功地避开了2000年年初网络股泡沫等一系列投资陷阱。

巴菲特曾说他对分析科技公司并不在行。当股市处于对高科技尤其是网络公司股票狂热的时候，巴菲特在伯克希尔公司股东大会上被别人问是否会考虑投资于高科技公司。他回答："这也许很不幸，但答案是不。我很崇拜安迪·格鲁夫和比尔·盖茨，我也希望能通过投资于他们将这种崇拜转化为行动。但当涉及微软和英特尔股票，我不知道10年后世界会是什么样子。我不想玩这种别人拥有优势的游戏。我可以用所有的时间思考下一年的科技发展，但不会成为分析这类企业的专家，第100位、第1000位、第10000位专家都轮不上我。许多人都会分析科技公司，但我不行。"

查理·芒格也认同巴菲特的这种观点，他说："我们没有涉及高科技企业，是因为我们缺乏涉及这个领域的能力。传统行业股票的优势在于我们很了解它们，而其他股票我们不了解，所以，我们宁愿与那些我们了解的公司打交道。"

巴菲特说："如果我们的原理应用到科技股票上，也会有效，但我们不知道该如何去做。如果我们损失了你的钱，我们会在下一年挣回来，并向你解释我们如何做到了这一点。我确信比尔·盖茨也在应用同样的原理。他理解科技的方式和我理解可口可乐公司与吉列公司的方式一样。所以，我们的原理对于任何高科技企业都是有效的，只不过我们本身不是能够把原理应用到这些高科技企业的人而已。如果我们在自己画的能力圈里找不到能够做的事，我们将会选择等待，而不是扩大我们的能力圈。"

巴菲特避开科技企业还有一个原因是，很难预测这些变化很快的高技术领域或新兴行业的未来发展。巴菲特说："我可以理性地预期投资可口可乐公司的现金流量。但是谁能够准确预期十大网络公司未来25年里的现金流量呢？对于网络企业，我知道自己不太了解，一旦我们不能了解，我们就不会随便投资。显然，许多在高技术领域或新兴行业的公司，按百分比计算的成长性会比注定必然如此的公司要发展得快得多。但是，我宁愿得到一个可以确定会实现的好结果，也不愿意追求一个只是有可能会实现的伟大结果。"

事实上，巴菲特对科技股也不是抱着一味排斥的态度。作为一个理性的投资家，他不会因为企业的名称或是产品与高技术有关便将其排斥在考虑之外。无论是哪一种类型的股票，他所考虑的核心都没有变化。1999年，巴菲特决定投资美国第一数据公司。当时整个业界都十分诧异于巴菲特的改变，以为他要大举进军科技股。巴菲特为什么会选择投资美国第一数据公司呢？是因为它符合巴菲特的投资标准。

第一数据公司位于美国亚特兰大，它提供信用卡支付处理及电子商务线上交易系统服务。正努力在线上交易中推广使用信用卡支付，并一直和雅虎、戴尔等著名高技术公司有密切的业务往来。与当时其他正在亏本运营的网络公司不同的是，第一数据公司已经有了很大的销售额与利润，这些是引起巴菲特兴趣的最大原因。

巴菲特一方面宣称自己对科技股不感兴趣，另一方面还是购买了科技公司的股票，这是否有矛盾呢？事实上这两方面并不矛盾，如果我们能将问题看得更为深入一些，就不难明白，巴菲特选择投资第一数据公司，更重要的一点是因为它已具备了能长期维持竞争优势和盈利的能力，符合巴菲特的传统投资理念。

在巴菲特看来，能够发现并长期拥有一家好企业，比在华尔街上的短期套利行为更有价值。他绝不会为了能够在短期内通过捕捉或制造某种投资热点而获利。巴菲特所看重的，正是企业及其产品、服务和管理上的特点能否满足自己的要求。一般说来，巴菲特对下列两种企业情有独钟：

第一，能够提供重复性服务的传播事业，也是企业必须利用的说服消费者购买其产品的工具。无论是大企业还是小企业，它们都必须让消费者认识自己的产品与服务，所以它们不得不花去高额的广告费以求能打开销路。所以，那些提供这类服务的行业势必从中获得高额的营业额及利润。

第二，能够提供一般大众与企业持续需要的重复消费的企业。巴菲特投资的华盛顿邮报、中国石油等，无疑都符合他的这一原则。

在当今知识经济浪潮的冲击下，巴菲特终于对网络信息这种新的生活方式认同了，实际上，他的认同不是对他一直坚守的投资理念的抛弃，而是一种创新的升华。

投资并不是一项神秘的事业，它散发着巨大魅力，让许多人乐此不疲为之忙碌。可是，在投资这个领域，成功的人永远少于失败的人。究其原因，是因为有太多的人是靠着自己头脑中的想象与金钱打交道。从巴菲特的投资行为中，我们也可以得到启发：在做任何一项投资之前，都要仔细调研，在自己没有了解透、想明白之前，不要仓促做决定，以免给自己造成更大损失。

**寻找长期稳定产业**

投资者对这类产业进行选择时,应该关注产业的两大方面:一是考察该产业的吸引力,主要表现在产业平均盈利能力上;二是考察该产业的稳定性,产业稳定性主要表现在产业结构变化的程度上。

巴菲特在寻找新的投资目标之前,总是会首先考虑增加原有股票的投资的头寸,只有在新的投资企业非常具有吸引力时才愿意买入。

巴菲特投资美国运通的历史可以追溯到很早以前了,在1963年11月22日,该公司的股票从消息传出前的60美元/股,降低到后来的56.5美元/股,到1964年年初的时候,股价已经跌到了35美元/股。而巴菲特决定买入的时候就是在1964年。在那年巴菲特将他的合伙公司的40%的资产,大约1300万美元买入了5%的美国运通的股票。接着,在后来的两年时间里,美国运通的股价上升了3倍。在5年的时间内股价上涨了5倍,股价从35美元/股上涨到189美元/股,在1991年巴菲特对外宣称他将持有该股票长达4年,所以他投资美国运通的收益率至少在4倍以上。

巴菲特在伯克希尔1994年的年报中对他投资美国运通的历史说,他认为正是对该公司的长期了解才会大笔增持该公司的股票,看来这是很明智的投资行为。

事实上,在选择长期稳定的产业需要考虑该产业的外部环境,外部环境通常可分为两大类:一是宏观环境,它是由自然、人口、社会、经济、技术、政治、法律等因素组成的;二是产业竞争环境,是由产业内部的竞争对手、供应商、买方、替代品生产厂商、潜在进入者等构成的。宏观环境一般并不直接影响企业的经营,而是通过产业环境间接影响,因此产业竞争环境对企业竞争优势的获得和维持具有最直接、最大的影响力。

产业结构强烈地影响着企业竞争优势的确立及其可持续性。

产业之间的竞争不断将某个产业投资资本收益率降低到投资资本要求的最低平均收益率水平。当某个产业收益率低于投资资本要求的最低收益率水平时，投资者无法长期接受而退出该产业，转移投入到其他收益率较高的产业，使该产业竞争减弱而收益率水平上升。当某个产业收益率水平持续高于最低收益率水平时，将会吸引新的投资资本进入，使该产业内竞争加剧而收益率下降。在实践中，一些产业由于其独特的产业结构，拥有较高的进入壁垒而长期保持超出其他产业平均盈利水平的高收益率。即使投资于这些具有超额收益率的产业中一般的企业，如具有垄断性质的报纸、广告业、电视业等，也会有较高的回报。而投资于收益率水平很低的产业，即使是最优秀的产业，如钢铁、石化，也只能有较低的回报。

### 寻找具有竞争优势的产业

产业结构通常影响产业内部所有的企业，这种影响力来源于产业内部的基础经济结构，不是单个企业能改变的。如果一个产业的产业结构能够持续保持较高的吸引力，同时持续形成较高的进入壁垒，那么该产业中的企业就具有保持持续竞争优势的良好环境条件。

产业结构分析有助于我们在股票投资中寻找到盈利平均水平较高的长期稳定产业，在这些产业中更容易找到盈利水平高、竞争优势持续时期长的优秀企业。

1994年，巴菲特与一些学生谈了进行公司分析的基本方法："一段时间内，我会选择某一个行业，对其中6~7家的企业进行仔细研究。我不会听从任何关于这个行业的陈词滥调，我努力通过自己的独立思考来找出答案……比如我挑选的是一家保险公司或一家纸业公司，我会让自己沉浸于想象当中：如果我刚刚继承了这家公司，而且它将是我们家庭永远持有的唯一财产。那么，我将如何管理这家公司？我应该考虑哪些因素的影响？我需要担心什么？谁是我的竞争对手？谁是我的客户？我将走出办公室与客户谈话。我从这些谈话中会发现，我这家企业与其他企业相比，具有哪些优势与劣势？如果你进行了这样的分析，你可能会比管理层更深刻了解这家公司。"

巴菲特在产业选择中重点关注两大方面：一是产业吸引力，主要表现在产业的平均盈利能力上；二是产业稳定性，主要表现在产业结构变化的程度上。

1. 产业吸引力

巴菲特的投资经验表明，产业吸引力是股票投资中产业选择的首要标准。巴菲特以其曾经投资的百货零售业与电视传媒业进行了产业吸引力比较：虽然许多零售商曾经一度拥有令人吃惊的成长率和超乎寻常的股东权益报酬率，但是零售业是竞争激烈的行业，这些零售商必须时时保持比同行更加聪明，否则突然间的业绩急速下滑就会使得他们不得不宣告破产；相比较而言，作为电视传媒业的地方电视台即使由水平很差的人来经营管理，仍然可以好好地经营几十年，如果交由懂得电视台经营管理的人来管理，其报酬将会非常高，其根本原因在于不同产业因特性不同而具有不同的吸引力。

2. 产业稳定性

巴菲特投资策略的最大特点是持股经常达几年甚至十几年之久，之所以如此，是因为他坚信他所投资的企业和产业在未来有很强的稳定性。

巴菲特的产业分析经验表明，主业长期稳定的企业往往盈利能力最强，而企业的主业之所以长期稳定，根本原因在于其产业具有长期稳定性。而那些经常发生重大变化的产业，如高科技产业和新兴产业等，巴菲特则从不投资。

在那些竞争作用力强的产业，如钢铁、造纸、石化等，没有一个企业能获取超出平均水平的较高投资收益率。而在那些竞争作用力相对较弱的产业，如报纸、电视台、广告、美容化妆、珠宝等，企业普遍能够获取很高的收益率。

巴菲特的产业选择经验表明，决定产业长期稳定性的产业演变对于投资分析非常重要，在这里主要采用波特提出的产业演变基本分析框架。产业演变将导致产业吸引力及产业平均投资回报率发生重大变化,相应企业对于产业演变的战略反应是否适当将导致企业竞争优势发生较大变化。

**顺风行业更值得投资**

对于我国的投资者而言,仍然有很多行业还没有专门的信息披露途径。这就需要投资者在实际操作中做到多方面搜索信息,并特别需要时刻关注政策的动向,并采用定量定性相结合的分析方法,对行业状况做到恰如其分的把握。在了解一个行业的景气指数后,同时还要配合个股的实际情况进行综合分析,这样的准确度会更高。

巴菲特在1977年致股东的信里写道:"保险这个行业从总体上来看,表现还是不错的,但事实上其情况也并不全然是这样的。在过去的10年中,我们也犯过一些错误,不管是在产品还是在人员上面。虽然小错不断,但是大体上还是可以获得令人满意的成绩。从某一程度上来看,这个行业与纺织业却正好相反,管理层已经相当的优秀了,但却只能获得相当微薄的利润。各位管理阶层需要一再学到的是,选择一个顺风的行业而不是逆风行业的重要性。"

巴菲特这段话再次提醒投资者,在选择投资目标时对于行业的经济特征的甄别是多么的重要。早在1967年的时候,伯克希尔用860万美元的价格购并了国家的产险和国家海火险公司以后,当年它们的保费收入就已经达到了大约2200万美元,一直到1977年,累积的年保费的总收入已经达到了1.51亿美元。可见选对一个行业它的盈利空间是非常大的。

1977年,由于巴菲特没有深刻认识到美国纺织业大势已去,因此进入1978年,纺织业仍然令巴菲特头疼。这一年巴菲特给股东的信中对纺织业发表了如下看法:"纺织业的现况正如教科书所述的那样,充分地说明了资本密集但产品无重大差异化的生产者注定将只能赚取微薄的报酬,除非提供供给吃紧或真正短缺的产品。只要市场产能过剩,产品价格就会随直接营运成本而非投入资金作变动。不幸的是这样的情况正是目前纺织业的常态，所以我们只能期望获取稍微合理的投资报酬。我们希望以后不要再介入这类产业面临困境的企业。"

在这一段无可奈何的言语中，巴菲特进一步加深了对自己在纺织业上所遇到困难的严重程度的深刻看法。由于加深了对纺织业的了解，巴菲特在1978年提出一个振聋发聩的观点："除非供给吃紧造成供不应求，否则资本密集但产品无重大差异化的生产者注定将只能赚取微薄的报酬。"

1980年巴菲特基本结束了他在纺织业的无谓努力并向股东认错。在1980年给股东的信中，他说："去年我们缩减在纺织业的规模，虽然不愿意但却不得不结束。除了少数设备转移到New Bedford外，其余连同房地产均处理掉了。你们的董事长由于无法早点面对事实而犯了重大的错误，而在New Bedford也淘汰了约1/3的织布机，这些生产线不具投资效益，就产业循环而言甚至会产生损失。"

巴菲特通过自己不成功的投资实践，用最通俗的语言提炼出一个观点：对于投资最重要的是选择顺风的产业，而不是逆风的产业。

此外，任何一个产业不是绝对地永远顺风，也不是从来就逆风。在它的兴起阶段，在它的成长阶段，它必然是一种顺风的状态。当它达到兴盛的顶点，当它不再是社会发展的领头羊和主导产业，它必然会走向衰落，这时它就是一个逆风产业。在逆风产业中不可能有好的投资回报，就连股神巴菲特都没有在逆风产业中成功，我们普通投资者就更不要尝试在逆风产业中投资。我们应该尽量把自己的资金配置到那些代表社会经济发展方向的新型行业中去。这就是巴菲特1977年年报给我们提供的最大的启示。

**选准行业"领头羊"**

在股市中，某一行业的"领头羊"的强劲走势不仅能带动该板块走出良好行情，而且能带动大盘上涨，让及时追涨的投资者获取丰厚的收益。

1998年巴菲特在佛罗里达大学商学院的演讲时说："麦当劳在海外的处境会比美国国内要更好一点，随着时间的推移，这个生意就会变得越来越难做。因为人们已经不再愿意每天都吃麦当劳了，然而喝可乐的人仍然还是大有人在，今天你喝5罐，明天可能再喝5罐。因此快餐业的处境要艰难得多。但是假如你一定要投资快餐业的话，在世界的范围内来看这个行业还是规模巨大的，如果你要从中选择一家的话，你会选择麦当劳，因为它有着很好的定位。它对于小孩子来说仍然是美味，尽管对于成年人来说它并不是最好吃的。最近，麦当劳用降价的策略进入了促销的领域，而不是产品本身的吸引力引起的销量的增加。"

可以看出巴菲特总是选择投资某一行业里的标杆性企业，他认为在股市中，某一行业的"领头羊"的强劲走势不仅能带动该板块走出良好行情，而且能带动大盘上涨，让及时追涨的投资者获取丰厚的收益。它们的成长性更是不会令人失望的。

投资者在选择股票时，有个最简单的绝招，那就是选择行业的"领头羊"。抓住"领头羊"有以下几方面的优势：

（1）在主升浪当中，"领头羊"一般说是上涨最早、力度最大、幅度最大、回调最少的股票，属于最强势。

（2）在反弹浪当中，"领头羊"一般也是如此。例如某一天华新水泥（600801）的表现，就说明了这一点。其他水泥股只是跟风，包括福建水泥、冀东水泥等。并且，华新水泥还在涨停板上，而他们已经展开盘中回落，并且上涨不过2%~3%。

（3）从力度和涨幅来看，一旦"领头羊"启动，还是应该跟风"领头羊"而不是"从属股"。追涨从属股，不如追涨涨幅已经略大的"领头羊"来得安全。涨幅略大的，反而比涨幅小的安全。

（4）在从属股上跟风，容易吃套。从属股往往是涨幅还没有多大，获利还没有多少，就已经滞涨和下跌了，直到最后连累"领头羊"也出货。

由于"领头羊"具有先板块启动而起,后板块回落而落的特性,所以,它的安全系数和可操作性均远高于跟风股,至于收益更是跟风股望尘莫及的。征战股市,选择"领头羊",实现收益的最大化。投资者在进行操作时要谨记以下两点:

(1)大胆追高。

大牛市"领头羊"一旦步入主升段,就是一大段出人意料的、持续大幅上升的单边市,很少也很难有逢低吸纳的机会,主力是不会故意给机会让你逢低买入的,所以只有追高才能买入第一"领头羊"。这里准确判断它是大牛市第一"领头羊"及已经进入主升段,是十分重要的技术。如果判断错误,会有很大风险。

(2)大胆持股。

主升段的升幅是十分巨大的,利润也是十分丰厚的。但是要赚到这一暴利,就一定要持久持股,否则像当年不少的投资者买深发展,赚两三成就跑掉了,白白错失了后市高出几倍的利润。当然这里也是有条件的:未见到阶段性顶部。一旦有见顶的迹象,就必须迅速离场。

**选择具有核心竞争力的产业**

投资者在选择持续竞争优势的企业时应该注意两个方面:其一是分析企业是否具有真正的竞争优势;其二是分析企业竞争优势能否长期持续保持。

巴菲特认为选择投资对象的关键是分析企业的竞争优势及其可持续性,他一再强调投资人应该去寻找和发现具有持续竞争优势的企业,这类企业应该是投资的首选目标。

实际上,要确定所选择的一家企业的竞争优势,更重要的是确定这种优势的持续性。

巴菲特选择富国银行的原因只是认为它是一家非常优秀的上市公司,拥有最好的管理模式,股票的价格水平也处在合理的水平上。他在分析这家银行时,认为该银行是全能型的以客户为导向的银行,该银行的交叉销售模式能够为利润创造出巨大的价值。并且该银行很注重对风险的控制,尤其是风险的分散方面做得很好,它拥有 80 个业务的单元,对客户一生中可能产生的各种金融要求提供合适的产品,这样就会把业务的风险分散化了。

  同时他分析出富国银行在 20 多年来显示出了颇为强大的竞争优势,20 年来的每股盈利从 1984 年的 0.84 美元增长到了 2004 年的 1.86 美元,增长了 10.40 倍,这给股东权益的复合回报率达到了 23%。

  巴菲特之所以强调要投资于具有持续竞争优势的企业,是因为对于长期投资来说,股价最终取决于公司内在价值,而具有持续竞争优势的企业的经济命运要远远优于那些一般企业,能够持续创造更大的价值增值,从而为股东带来更大的财富增值。

# 第四章　巴菲特教你读财报

## 第一节　损益表项的 3 条信息

**好企业的销售成本越少越好**

只有把销售成本降到最低，才能够把销售利润升到最高。投资者要远离那些销售成本过高的公司，选择那些销售成本比较低的公司。尽管产品销售成本就其数字本身并不能告诉我们公司是否具有持久的竞争力优势，但它却可以告诉我们公司的毛利润大小。

损益表（单位：百万美元）

|  | 收入 | 10000 |
|---|---|---|
| − | 销售成本 | 3000 |
|  | 毛利率 | 7000 |

巴菲特在分析公司是否具有持久竞争优势时，总是从公司的损益表入手，因为损益表可以让投资者了解该企业在一段时期内的经营状况。一般企业会在每个季度末或者年末披露这些信息。

在研究那些优质企业时，巴菲特发现，通过分析企业的损益表就能够看出这个企业是否能够创造利润，是否具有持久的竞争力。企业能否盈利仅仅是一个方面，还应该分析该企业获得利润的方式，它是否需要大量研发以保持竞争力，是否需要通过财富杠杆以获取利润。通过从损益表中挖掘的这些信息，可以判断出这个企业的经济增长原动力。因为对于巴菲特来说，利润的来源比利润本身更有意义。

在损益表中，总收入下面一行指的就是销售成本，也被称为收入成本。销售成本可以是一个公司其销售产品的进货成本，也可以是制造此产品的材料成本和劳动力成本。

巴菲特在1985年的信中说："在新闻事业方面一样很难增加发行量，虽然广告量略增，但主要来自夹报部分，报纸版面上的广告却减少了。前者的利润远比后者低，且竞争较激烈，所幸去年成本控制得当使得家庭用户订阅数颇好。"

巴菲特认为，要想成为一个优秀的企业，首先需要做到的就是节约成本，尤其是销售成本。因为每个企业时时刻刻都在销售产品，销售成本在整个企业中所占的比重非常大。

所谓销售成本，是指已销售产品的生产成本或已提供劳务的劳务成本以及其他销售的业务成本。销售成本包括主营业务成本和其他业务支出两部分，其中，主营业务成本是企业销售商品产品、半成品以及提供工业性劳务等业务所形成的成本；其他业务支出是企业销售材料、出租包装物、出租固定资产等业务所形成的成本。

S公司是我国铅酸蓄电池行业经营规模最大的企业之一。S公司注册资本是1.3亿元，总资产约13亿元，年营业额近20亿元。但是随着S公司销售额的迅速增长，其一直沿用的销售模式和业务流程使得销售成本一直居高不下，主要体现在该公司设立销售分支机构太多，而且机构设置不太合理，浪费了很多资金。此外，该公司规定销售人员有权利报销差旅费、话费等销售费用，很多销售人员就大肆铺张浪费，一点都不节约。虽然该公司的营业额增长很快，但是净利润增长率幅度很低，甚至在行业竞争激烈时还出现过只见销量增长不见利润增长的局面。而造成这样的局面最主要的原因就是该公司的销售成本过高。

作为美国第三大汽车公司的克莱斯勒有限责任公司，由沃尔特·克莱斯勒创建于1925年。它曾经一度超过福特，成为美国第二大汽车公司。2009年4月30日，克莱斯勒公司宣布破产。

克莱斯勒竟成为第一个轰然倒下的汽车业巨头，其罪魁祸首并非金融危机，而是销售成本过高。美国汽车的销售网络从 50 年前就开始建立，那时的公路网络没有现在这样发达，30 公里的路对很多人来说是很长的距离，汽车公司不得不在很短的距离内就建立一个特许经销店，以满足汽车消费者的需求。而现在，公路已经建设得四通八达，以往建立的经销网点就显得太密集，管理成本太高了。2006 年，克莱斯勒在美国的经销商有 3749 家，总销售量为 214 万辆，平均每家卖出 570 辆汽车；而丰田在美国的经销站只有 1224 家，总销售量为 205 万辆，平均每家卖出 1675 辆汽车，是克莱斯勒的近 3 倍。过于密集的销售网点使克莱斯勒产品的销售成本大大提高，而这直接造成两种后果：一方面使产品的价格难以在市场上形成有力的竞争；另一方面也使得公司用于研发的资金比例少于丰田等日本竞争对手。最终高昂的销售成本把克莱斯勒逼到了破产。

**长期盈利的关键指标是毛利润/毛利率**

企业的毛利润是企业的运营收入之根本，只有毛利率高的企业才有可能拥有高的净利润。投资者在观察企业是否有持续竞争优势时，可以参考企业的毛利率。

巴菲特在 1999 年为《财富》杂志撰文指出："根据去年的财报，全国最大的家具零售商 Levitz 自夸其产品价格比当地所有传统家具店便宜很多，该公司的毛利率高达 44.4%，也就是说消费者每付 100 美元所买的商品，公司的成本只要 55.6 美元。而内布拉斯加家具店的毛利润只有前者的一半。"

显然巴菲特认为，在考察一个公司是否具有持续竞争优势时，毛利润和毛利率是两个关键的指标。

毛利润是指总收入减去产品所消耗的原材料成本和制造产品所需要的其他成本。它不包括销售费用和一般管理费用、折旧费用和利息支出等。例如一件产品的售价为 50 元，原材料成本和制造产品的成本总和为 30 元，则该产品的毛利润为 20 元。毛利率指的是毛利与营业收入的百分比，用公式表示为：毛利率＝毛利润／营业收入 ×100%。

巴菲特认为，毛利率在一定程度上可以反映企业的持续竞争优势如何。如果企业具有持续的竞争优势，其毛利率就处在较高的水平。如果企业缺乏持续竞争优势，其毛利率就处于较低的水平。

如果企业具有持续的竞争优势，企业就可以对其产品或服务自由定价，让售价远远高于其产品或服务本身的成本，就能够获得较高的毛利率。例如可口可乐公司的毛利率为60%左右，箭牌公司的毛利率为51%，债券评级公司的毛利率为73%，柏灵顿北方圣太菲铁路运输公司的毛利率为61%。

如果企业缺乏持续竞争的优势，企业就只能够根据产品或服务的成本来定价，赚取微薄的利润。如果同行采取降价策略，企业也必须跟着降价，这样才能够保持市场份额，毛利率就更低了。很多缺乏持续竞争优势的企业的毛利率都很低。例如通用汽车制造公司的毛利率为21%，美国航空公司的毛利率为14%，美国钢铁公司的毛利率为17%，固特异轮胎公司的毛利率为20%左右。

巴菲特认为，如果一个公司的毛利率在40%以上，那么该公司大都具有某种持续竞争优势。如果一个公司的毛利率在40%以下，那么该公司大都处于高度竞争的行业。如果某一个行业的平均毛利率低于20%，那么该行业一定存在着过度竞争。例如航空业、汽车业、轮胎业都是过度竞争的行业。

毛利率指标检验并非万无一失，它只是一个早期检验指标，一些陷入困境的公司也可能具备持久竞争优势。因此，巴菲特特别强调"持久性"这个词，出于稳妥考虑，我们应该查找公司在过去10年的年毛利率，以确保其具有"持续性"。巴菲特知道在寻找稳定竞争优势的公司时，必须注意持续性这一前提。

毛利率较高的公司也有可能会误入歧途，并且丧失其长期竞争优势，一是过高的研究费用，其次是过高的销售和管理费用，还有就是过高的债务利息支出。这3种费用中的任何一种过高，都有可能削弱企业的长期经济原动力。很多高毛利率的企业，将大量的毛利润投入在研发、销售和一般管理上,使得净利润减少很多。另外,有些企业的高额利息支出也吞噬了一部分毛利润。

**特别关注营业费用**

巴菲特认为,企业在运营的过程中都会产生营业费用。营业费用的多少直接影响企业的长期经营业绩。

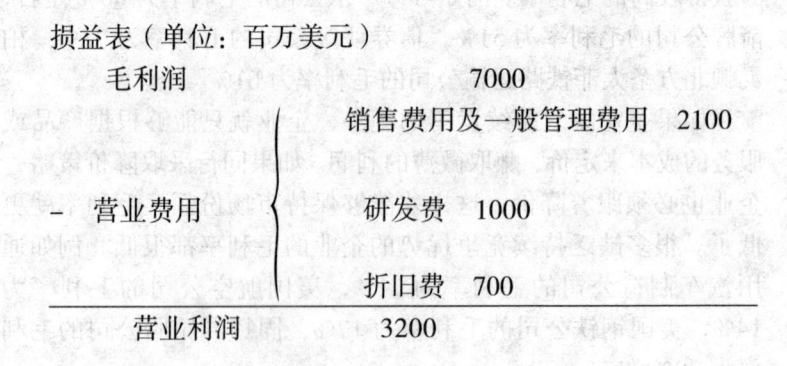

损益表(单位:百万美元)

| | | |
|---|---|---|
| 毛利润 | | 7000 |
| − 营业费用 { | 销售费用及一般管理费用 | 2100 |
| | 研发费 | 1000 |
| | 折旧费 | 700 |
| 营业利润 | | 3200 |

巴菲特在1989年致股东的信中说:"如果你没有到过那里,你一定无法想象有珠宝店像波珊那样,销量非常大,在那里你可以看到各式各样、各种价格的种类,而它的营业费用开销大概只有一般同类型珠宝店的1/3。对于费用的严格控制,加上优异的采购能力,使得它所销售的珠宝比其他珠宝店价格便宜很多,而便宜的价格又总能吸引更多的顾客上门,良性循环的结果使得该店在旺季的单日人流量高达4000人。"

营业费用是指企业在销售商品过程中发生的各项费用以及为销售本企业商品而专设的销售机构(含销售网点、售后服务网点等)的经营费用。商品流通企业在购买商品过程中发生的进货费用也包括在营业费用之中。营业费用一般包括以下5个方面的内容:

(1)产品自销费用:包括应由本企业负担的包装费、运输费、装卸费、保险费。

（2）产品促销费用：为了扩大本企业商品的销售而发生的促销费用，如展览费、广告费、经营租赁费（为扩大销售而租用的柜台、设备等的费用，不包括融资租赁费）、销售服务费用（提供售后服务等的费用）。

（3）销售部门的费用：一般指为销售本企业商品而专设的销售机构（含销售网点、售后服务网点等）的职工工资及福利费、类似工资性质的费用、业务费等经营费用。但企业内部销售部门属于行政管理部门，所发生的经费开支，不包括在营业费用中，而是列入管理费用。

（4）委托代销费用：主要指企业委托其他单位代销按代销合同规定支付的委托代销手续费。

（5）商品流通企业的进货费用：指商品流通企业在进货过程中发生的运输费、装卸费、包装费、保险费、运输途中的合理损耗和入库前的挑选整理费等。

营业费用过高，就会在很大程度上影响企业的整体效益。例如2005年江中药业的主营业务收入为9.8亿元，毛利润为6.3亿元，毛利率高达64.58%。按理说这样的毛利率相当高，企业的整体效益应该很好。但是由于投入了大量资金在电视广告和渠道建设上，江中药业的营业费用高达4.1亿元，占到毛利润的65%。一旦销售业绩下滑，江中药业很有可能会负荷不了这么高的营业费用，出现资金缺口。从这一点上看江中未来的发展前景很有可能受制于营业费用过高的风险。

## 第二节　资产负债表项的8条重要信息

### 没有负债的才是真正的好企业

"好公司是不需要借钱的。"虽然我们不能绝对地从一个公司的负债率来判定公司的好坏，但如果一个公司能够在极低的负债率下还拥有比较亮眼的成绩，那么这个公司是值得我们好好考虑的。

1987年巴菲特在致股东的信里写道:"《财富》杂志里列出的500强企业都有一个共同点:它们运用的财务杠杆非常小,这和他们雄厚的支付能力相比显得非常微不足道。这充分证明了我的观点:一家真正好的公司是不需要借钱的。而且在这些优秀企业中,除了有少数几家是高科技公司和制药公司外,大多数公司的产业都非常普通,目前它们销售的产品和10年前并无两样。"

巴菲特认为,一家优秀的企业必然能够产生持续充沛的自由现金流。企业靠这些自由现金流就应该能够维持企业运营。一家优秀的企业是不需要负债的。巴菲特觉得,投资者在选择投资目标时,一定要选择那些负债率低的公司。公司负债率越高,投资风险就越大。另外,投资者也要尽量选择那些业务简单的公司。像上文提到的那些优秀企业中,大多数都还在销售着10年前的产品。

在巴菲特看来,能够每年创造高额利润的上市企业,其经营方式大多与10年前没什么差别。巴菲特投资或收购的公司大多都是这种类型的。伯克希尔公司旗下的子公司每年都在创造着优异的业绩,可是都从事着非常普通的业务。为什么普通的业务都能够做得如此成功?巴菲特认为,这些子公司优秀的管理层把普通的业务做的不再普通。他们总是想方设法保护企业本身的价值,通过一系列措施来巩固原有的优势。他们总是努力控制不必要的成本,在原有产品的基础上不断尝试研发新产品来迎合更多的顾客的需求。正因为他们充分利用现有产业的地位或者致力于在某个品牌上努力,所以他们创造了高额利润,产生了源源不断的自由现金流,具有极低的负债率。

1987年,伯克希尔公司本公司在当年的净值增加了46400万美元,较前一年增加了19.5%。而水牛城报纸、费区海默西服、寇比吸尘器、内布拉斯加家具、史考特飞兹集团、时思糖果公司与世界百科全书公司这7家公司在1987年的税前利润高达18000万美元。如果单独看这个利润,你会觉得没有什么了不起。但如果你知道他们是利用多少资金就达到这么好的业绩时，你就会对他们佩服得五体投地了。这7家公司的负债比例都非常低。1986年的利息费用一共只有200万美元，所以合计税前获利17800万美元。若把这7家公司视作是一个公司，则税后净利润约为1亿美元。股东权益投资报酬率将高达57%。这是一个非常令人惊艳的成绩。即使在那些财务杠杆很高的公司，你也找不到这么高的股东权益投资报酬率。在全美五百大制造业与五百大服务业中，只有6家公司过去10年的股东权益报酬率超过30%，最高的一家也不过只有40.2%。正是由于这些公司极低的负债率，才使得他们的业绩如此诱人。

**现金和现金等价物是公司的安全保障**

巴菲特认为，自由现金流是否充沛，是衡量一家企业是否属于"伟大"的主要标志之一。而这个观点是他在对自己的经验教训进行总结的基础上得到的。在他看来，自由现金流比成长性更重要。

巴菲特在伯克希尔公司2007年致股东的一封信中说："伯克希尔公司所寻找的投资项目，就是那些在稳定行业中具有长期竞争优势的企业。如果这些企业具有迅速成长性当然更好，可是如果没有这种成长性，只要能产生自由客观的现金流，也是非常值得的。因为伯克希尔公司可以把从中获得的自由现金流重新投入到其他领域。"

巴菲特认为，投资者购买的股票其自由现金流要持续充沛，这是考察该股票是否值得投资的很重要的一个方面。一家真正伟大的企业，自由现金流必须充沛是其前提条件之一。

现金是可由企业任意支配使用的纸币、硬币。现金在资产负债表中并入货币资金，列作流动资产，但具有专门用途的现金只能作为基金或投资项目列为非流动资产。现金等价物是指企业持有的期限短、流动性强、易于变化为已知金额的现金、价值变动风险很小的投资。一般是指从购买之日起，3个月到期的债券投资。现金等价物是指短期且具高度流动性之短期投资，变现容易且交易成本低，因此可一同视为现金。

如果一个上市公司在短期内面临经营问题时，一些短视的投资者会因此抛售公司股票，从而压低股价。但巴菲特不会这么做，他通常会去查看公司囤积的现金或有价证券总额，由此来判断这家公司是否具有足够的财务实力去解决当前的经营困境。

如果我们一家公司持有大量现金和有价证券，并且几乎没有什么债务的话，那么这家公司会很顺利度过这段艰难时期。而一旦现金短缺或者没什么现金等价物的话，即使公司经理人再有能耐，也不可能挽回公司倒闭的局面。由此可见，现金和现金等价物是一个公司最安全的保障。

从2008年的全球金融危机来看，那些拥有大规模现金的公司在金融危机中可采取的应对策略也更灵活一些。一家咨询公司的高级战略分析师说道，如果一家公司拥有足够的资金，那么这家公司在当前的市场环境中将占有极大的有利位置。当前，许多优质资产的价格已经跌到了谷底，更为重要的是，这些公司都有意接受来自投资者的报价。

对公司而言，通常有3种途径可以产生大量现金。首先，它可以向公众发行出售新的债券或者股票，所融得的资金在使用之前会形成大量的库存金；其次，公司也可以通过出售部分现有业务或其他资产，出售获得的资金在公司发现；再次，公司一直保持着运营收益的现金流入大于运营成本的现金流出，也会产生一部分现金收入。如果一家公司能通过这3种方式持续地运营带来大量的现金积累，就会引起巴菲特的注意，因为这类公司往往具有持续性竞争优势。

巴菲特眼里的优秀公司原型就是伯克希尔公司旗下的国际飞安公司（FSI）。伯克希尔公司1996年收购该公司时，它的税前利润还只有1.11亿美元，固定资产净投资5.7亿美元。而在伯克希尔公司收购该公司后的10年间，该公司资产折旧9.23亿美元，资本投入16.35亿美元，其中绝大部分都是用来配套那些飞行模拟器的。2007年该公司税前利润为2.7亿美元，比1996年增加了1.59亿美元，不过与时思糖果公司相比还是逊色多了。

巴菲特眼里的糟糕公司，是那种成长速度很快，可是却需要大量资本投入才能维持其原有发展速度、利润很少甚至根本就不赚钱的企业。美国航空公司就具有这种公司的典型性，从第一架飞机诞生的时候开始，就决定了航空公司需要源源不断地投入资金，有时候根本就不创造利润。

**债务比率过高意味着高风险**

负债经营对于企业来说犹如"带刺的玫瑰"。如果玫瑰上有非常多的刺，你怎么能够确信自己就能小心地不被刺扎到呢？最好的方法就是，尽量选择没有刺或者非常少刺的企业，这样我们的胜算才会大一些。

巴菲特认为，一个好的企业并不需要很高的负债率。如果一个企业拥有很高的负债率，企业面临的风险就比较大，就像一辆不安全的车驶过一条坑坑洼洼的路一样，处处充满了危机。投资者在购买股票时一定要尽量避开负债率很高的企业。

很多人信奉现在的负债经营理论。他们认为，负债经营不但可以有效地降低企业的加权平均资金成本，还可以通过财务杠杆，为企业带来更高的权益资本的收益率。但巴菲特认为，负债经营并不是很稳妥的经营方式。巴菲特认为，只要是好公司或是好的投资决策，即使不靠财务杠杆，最后也一定能够得到令人满意的结果。如果为了一点额外的报酬，就将企业机密信息暴露在不必要的风险下是非常愚蠢的。

坦帕湾地方电视台的购并案就是一个负债过高的典型案例。由于举债过高，坦帕湾地方电视台一年所需要支付的利息甚至超过它全年的营业收入。换句话说，即便该电视台没有任何人工、设备、服务等成本费用，这家电视台一年下来依然是亏损的。如此下来，坦帕湾地方电视台似乎也就只有破产一条路可走了。

1997年八佰伴国际集团宣布破产。闻名于日本乃至世界的八佰伴集团发展历史曲折艰辛，充满传奇，它的创始人阿信之子——和田一夫，将八佰伴从一个乡村菜店开始，一步步发展为日本零售业的巨头。在全盛期，八佰伴拥有员工近3万人，在世界上16个国家和地区拥有450家超市和百货店，年销售额达5000多亿日元。八佰伴破产，正值亚洲国家和地区受金融风暴冲击，经济向下调整时期，虽然有种种外部不利因素导致八佰伴经营的失败，然而主要的原因却是八佰伴扩张速度过快，负债过高。据香港八佰伴的年报资料，在1988年，八佰伴应付贸易欠账只有300多万元，不足1%的营业额。但到1997年，八佰伴拖欠的应付贸易账，已增至近5.5亿港元，相当于营业额的13.5%，总负债更高达10.24亿港元。最终八佰伴不堪重负，无奈以破产结尾。

### 负债率依行业的不同而不同

不同行业的企业负债率是不同的。即使在同一个行业里，不同时期的负债率也会有所不同。在观察一个企业的负债率的时候，一定要拿它和同时期同行业的其他企业的负债率进行比较，这才是比较合理的。

巴菲特在1990年的信里说："现金就是现金，不论它是靠经营媒体得来的，还是靠钢铁工厂得来的，都没有什么两样。但在过去，同样是1元的利润，我们大家都会看重媒体事业，因为我们觉得不需要股东再投入资金媒体事业就会继续成长，而钢铁业就不行。不过现在大家对于媒体事业的看法也渐渐变为后者了。"

巴菲特认为，虽然好的企业负债率都比较低，但不能把不同行业的企业放在一起比较负债率。我们不能把媒体业和钢铁业放在一起来比较负债率。不同行业的负债率高低完全不一样。

在过去，投资者都认为电视、新闻、杂志等媒体行业是值得投资的好行业。因为在过去媒体行业一般不需要负债经营，它们能够完全不依靠外来资金投入就可以一直以每年6%的增长速度发展，而且也不需要很多运营资金。可是最近几年，媒体行业的发展开始慢慢发生变化,而且在未来的日子里会发生更剧烈的变化。

巴菲特认为,媒体企业账面上的利润其实就相当于企业的自有资金。如果企业能够每年都增加6%的现金流,我们以10%的折现率把这种现金流进行折现,那么100万美元的税后净利润就相当于一次性投入2500万美元所得到的收益。但如果企业不能每年都增加6%的现金流,那么企业每年就必须保留一部分利润资金用于追加投入。显而易见,如果企业每年都可以提供6%的现金流增长率,企业不仅不需要负债,还有闲散资金可以支配;但是如果企业无法稳定提供6%的现金流增长率,那么该企业为了补充流动资金,就必然要负债。由于行业周期性经济不景气,很多媒体行业的企业都陷入了负债的困境。不少企业因为前期负债率过高,导致实际盈利水平大幅度降低。甚至有的企业每年的营业收入还不足以偿还当年利息。

巴菲特在媒体行业有着很多投资。例如水牛城日报公司、华盛顿邮报公司、美国广播公司等都是伯克希尔公司旗下的子公司。虽然整个媒体行业利润下降不少,但由于美国广播公司和华盛顿邮报公司两家企业的负债率都很低,公司账面上的现金余额就足以偿还所有债务,所以它们轻松地渡过了行业经济危机。

在巴菲特看来,有些企业的经理人明知企业无法承担过重负荷,还一直借很多债,这是非常不负责任的行为。巴菲特从来不允许他旗下的那些子公司这样做。即使是"霹雳猫"保险业务的损失理赔上限金额很大,"霹雳猫"保险公司的负债率也是很低的。

**负债率高低与会计准则有关**

不同的会计准则能够把同一份数据计算出相差甚远的结果。所以在分析要投资的企业时,一定要尽量了解该公司使用的是哪个会计准则。如果该公司有下属公司,那么一定要注意该公司报表中是不是把所有子公司的所有数据都包含在内了。

巴菲特在2003年写给股东的信里说："受限的投票权使得我们没法将美中能源的财务状况以非常精确的方式列入财务报表。按照会计原则我们只能按投资比例列出该公司的投资金额及损益，而没办法把该公司所有的资产负债和盈利损益都纳入伯克希尔公司财务报表。也许在将来的某一天，会计法则会发生重大改变或者公共事业持股公司法案被取消，到那时我们就可以把美中能源所有的财务数据都列入伯克希尔公司的财务报表里，当然，也包括美中能源的融资负债的情况。"

巴菲特认为，在考察公司的负债率有多高的时候，不仅要注意财务报表中的账面数字，还要了解该企业适用的会计准则。对于相同的账面数据，根据不同的会计准则也许就会计算出两个截然不同的企业负债率。

就拿巴菲特所在的伯克希尔公司为例，如果我们单从伯克希尔公司的报表数据来考察伯克希尔公司的负债率，得出的结论就不是很准确的。因为美中能源控股公司是伯克希尔公司投资的公司。通过美中能源公司，伯克希尔公司拥有着英国第三大电力公司约克夏电力公司、北方电力公司、美国爱荷华州美中能源公司、肯特河及北方天然气管道输送线等很多公共事业公司的股份。一般来说，这些公用事业股份的营业收入、经营利润、负债率等财务状况都应该反映在伯克希尔公司的报表中。但是受美国的公共事业持股公司法案限定，能够反映在伯克希尔公司报表里的数据只是这些公共事业实际数据很小的一部分。

美中能源公司的负债率相对来说是高了一些。但这并不意味着巴菲特也开始青睐负债率高的公司了。其实不然，巴菲特在2005年伯克希尔年报中提到，伯克希尔公司一般不会负债，只有在3种特殊情况下才会考虑负债：第一种情况是需要利用回购协议来作为某种短期投资策略；第二种情况是为了更清晰地了解风险特征的带息应收账款组合而借债；第三种情况是即使一些负债数据显示在伯克希尔公司报表中，但实际负债和伯克希尔公司毫不相干。

巴菲特之所以愿意容忍美中能源公司相对较高的负债率，

一方面来说，目前美中能源公司的负债规模也没有很大。即便是在最严峻的经济形势下，其多元化且稳定的公用事业营运也可以累计足够的利润来偿还所有的债务。另一方面，美中能源公司的债务向来就不是伯克希尔公司的责任，现在不是，以后也不会是。再者说，美中能源最大的债主就是伯克希尔公司，即使出现了最糟糕的状况，美中能源也不必担心像其他企业一样被别人追债。

**并不是所有的负债都是必要的**

在选择投资的公司时，如果从财务报表中发现公司是因为成本过高而导致了高负债率，那么你一定要慎重对待它。毕竟，不懂得节约成本的企业，如何能够生产出质优价廉的商品？如果没有质优价廉的商品，如何能够为股东赚取丰厚的回报？

巴菲特在1998年给股东的信里写道："当一架飞机被用来当私人飞机使用时，存有一个很大的争议问题就是这私人飞机不是由现在的客户买单，而是由其后代子孙买单的。这也是当我最敬爱的爱丽丝阿姨在40年前询问我是否应该买一件貂皮大衣时，我这么回答道：'阿姨，你花的不是自己的钱，而是你的继承人的钱。'"

当一架飞机被专门买来给某人使用时，很多人都非常清楚，维护飞机的巨额开支不是由现在的企业负担，而是由他们的子孙来负担的。在巴菲特看来，这种行为造成了很大的浪费，而这种浪费必将会影响企业的业绩并且最终会转嫁到后来的经营者身上。不论是个人还是企业，很多花费是可以省略的。如果一家企业能够很好地节约成本，省去不必要的开支，那么该企业一定会降低负债率，而且也会拥有更好的业绩。

我们以坐飞机为例。巴菲特认为，一些人花那么多钱买一架飞机，一年却用不了几次，还得花很多钱来保养它，与其这样，不如花较少的钱在企业主管飞行公司EJA购买部分飞机使用权Netjets。这样既节省了开支，又可以享受到非常舒适的服务。

巴菲特以前也曾购买过一架"猎鹰20"飞机，作为伯克希尔公司的专机。但巴菲特觉得飞机常常停着却依然需要维护它，非常浪费钱财，而且每次只能享受这一型号的飞机，有时候会产生厌倦。直到接触了Netjets，巴菲特的烦恼终于消失了。巴菲特第一次接触Netjets，是由伯克希尔公司旗下的H.H.Brown鞋业的经理人弗兰克介绍的。弗兰克常常使用EJA公司提供的Netjets服务，而且觉得相当满意，于是弗兰克就介绍负责人Rich和巴菲特认识。结果Rich只花了15分钟的时间就说服巴菲特买下1/4的霍克1000型飞机的所有权（也就是每年200小时）。从此之后，巴菲特就爱上了Netjets。巴菲特和他的家人都开始享受Netjets服务。然后巴菲特就向EJA抛出了橄榄枝。很快，巴菲特就和EJA达成了一笔高达7.25亿美元的交易，其中现金与股票各半。

EJA目前已是这个行业里规模最大的企业，拥有超过1000位的客户以及163架的飞机，飞机种类包括波音、湾流、Falcon、Cessna和雷神等。在巴菲特看来，购买飞机部分使用权真的是一件非常划算的买卖。一个客户如果同时拥有三种类型的飞机各1/16的所有权，他就可以拥有一年使用该飞机50个小时的飞行权，三架飞机合计150个小时。而这个客户只需要花费一笔数量不多的钱。想想看，拥有一群飞机却只需要不足一架飞机1/10的价钱，这是多么诱人的事情，难怪连巴菲特都对它爱不释手。

**零息债券是一把双刃刀**

零息债券是个有用的金融工具，既可以为企业节税，也可以为投资者带来收益。但是投资风险也是存在的。在购买零息债券时，一定要时刻提防不能按期付现。仔细观察该企业的信誉如何，不要被企业的表象所欺骗。

1989年巴菲特在致股东信里写道："去年9月，伯克希尔公司发行了9亿美元的零息可转换次顺位债券，目前已在纽约证券交易所挂牌交易，由所罗门公司负责本次的债券承销工作，所罗门为我们提供了宝贵的建议与完美无缺的执行结果。大部分的债券都需要按时支付利息，通常是每半年一次，但是零息债券却不须要马上支付利息，而是在投资人购买债券时，以一定的折价把利息预先扣除。而实际利率则取决于发行的债券价格、发行时间和到期面值。"

巴菲特认为，零息债券就是一把双刃剑。它可以救人，也可以伤人。企业在发行零息债券的时候一定要小心谨慎，努力让零息债券成为自己的帮手而不是敌人。

我们可以以上文中提到的伯克希尔公司发行的零息债券为例，这个债券是这样的：它是面额 1 万美元，15 年期限，可以申请转换为伯克希尔公司的股票。每张债券的发行价格是 4431 美元，如果转换为伯克希尔公司股票后，包含 15% 的溢价在内的话，可以转换为 9815 美元，而这个价格要比伯克希尔公司当时的股票价格高出大约 15%。同时伯克希尔公司有权在 1992 年 9 月 28 日以后加计利息（5.5% 的年利率）赎回这些债券，而债券持有人也有权在 1994 年至 1999 年的 9 月 28 日要求公司加计利息买回其所持有的债券。

就税负的观点而言，虽然伯克希尔没有马上支付利息，但每年仍可享受 5.5% 利息支出的所得税扣抵。由于减少了税负支出，所以就现金流量的角度而言，伯克希尔每年还有现金净流入，这是零息债券带给伯克希尔的一个好处，当然也存在一些不可知的变数。因为很难精确计算出这次发行真正的资金成本，但不管怎样，应该都低于 5.5%。不得不说，这是一种非常好的节税方式。

但是，并不是所有的零息债券都能够为企业和投资者双方带来好处。要了解这一点，我们需要先大概了解美国的债券发行史。

第二次世界大战期间，美国发行了一种零息债券。这种债券的面额最小的只有 18.75 美元，买下 10 年后可以从美国政府那里得到 25 美元，年投资报酬率大约为 2.9%，这在当时是相当不错的回报率。但是这种国家信誉担保的债券面额较小，不太适合于机构投资者购买。于是一些善于投机的银行家想出了一些所谓的妙计。他们把标准的政府债券分拆成普通投资者和机构投资者想要的零息债券。例如他们将20年期每半年付息的债券，分拆成40张到期日分别为半年到20年不等的零息债券，然后再把到期日相同的债券拼起来对外出售。这样所有购买这种债券的投资者就可以非常清楚能够获得的回报率。

可是什么事情都具有两面性。这种零息债券有个突出的缺点就是在债券到期日之前发行企业不必付出任何资金，谁也不清楚发行企业是否真正有实力可以支付这些债券。甚至有些企业还会拆东墙补西墙，通过发行其他债券来支付将要到期的债券。除非企业经营出现重大问题，整个财务状况被曝光，投资者才能够真正了解企业是否有支付的实力。

## 银根紧缩时的投资机会更多

作为普通投资者，我们要向巴菲特学习，保守经营我们的投资事业。不管遇到多么吸引人的投资机会，也不要把自己的全部资本都用来投资，更不要借钱投资，毕竟股市的风险是时刻存在的。

巴菲特曾说："这项融资案的主要承销商Donaldson自始至终都在提供给我们一流的服务。而不像大部分的公司，伯克希尔并不会为了一些特定的短期资金需求而去融资，我们借钱是因为当我们觉得在一定期间内将有许多好的投资机会出现，最佳的投资机会大多是出现在市场银根最紧的时候，那时候你一定希望拥有充沛的资金。"

巴菲特认为，不能单纯地从企业的负债率高低来判定企业的好坏。企业为什么负债也是一个值得投资者注意的地方。就像上文提到的一样，伯克希尔公司的负债原因和其他公司是不一样的。其他公司是为了弥补短期的资金需求而融资负债，而伯克希尔公司是为了抓住即将到来的投资机会。在巴菲特看来，当银根最紧的时候就是投资的最佳时机。想要抓住投资的好机会，就要提前准备好充沛的资金。如果投资机会来临了却没有现成的资金，那就只能望洋兴叹了。尽管伯克希尔公司拥有大量现金，但伯克希尔公司依然很少负债。巴菲特说伯克希尔公司即使真的要负债，也会比较保守，就算放弃一些非常诱人的投资机会，也不愿意过度融资。

巴菲特在寻找投资机会的时候，也偏好那些产生现金流而非消耗现金流的企业。在巴菲特看来，投资这样的企业有两个优势：第一个优势是这样的企业产生的大量现金流可以上交给伯克希尔公司，巴菲特可以用这些现金流再进行其他投资；第二个优势是当这些企业碰到好的项目时，即使需要负债经营，也不用担心，源源不断的现金流能够确保企业安全无虞。

## 第三节　现金流量表里面的8个秘密

**自由现金流充沛的企业才是好企业**

向巴菲特学习，认真估算每一只股票每年的现金流入和流出状况。虽然这样比较保守，也无法做到非常精确，但只有这样做我们才能够找到真正适合投资的企业。

2000年，巴菲特在致股东的信里写道："扣除税负因素不考虑，我们评估股票和企业的方法并没有两样，从古到今，我们评估所有金融资产的方法就从来没有改变过。这个方法可以追溯到公元前600年的伊索寓言。在伊索寓言里，那不太完整但历久弥新的投资理念就是：两鸟在林不如一鸟在手。如果进一步弄明白这个理念，就有3个问题需要回答：树林里有多少只鸟？这些鸟什么时候会出现？捕捉一只鸟的成本是多少？如果你能够考虑清楚以上3个问题，那么你就可以知道这个树林最高的价值是多少，以及你可以拥有多少只鸟。当然了，这里的鸟只是比喻，真正实际的标的是金钱。"

巴菲特认为，一个企业是否值得投资，要分析该企业的自由现金流是否持续充沛。上市公司就好比"树林"，自由现金流就好比"树林里的小鸟"。而投资者的目标就是以最少的成本在树林里捉到尽可能多的小鸟。只有当你了解树林里一共有多少只小鸟,你才能了解该股票具有多大的投资价值;只有当你了解树林里的小鸟有几只会出现在你面前,什么时候会出现在你面前,你才能了解你能获得多大的投资报酬。除此之外,你还需要考虑你的捕鸟成本。如果你用很高的成本捕捉到了这些小鸟,那么这样的"捕鸟"行为依然是不值得的。其实也就是说,你要把你的投资成本和国债报酬率进行对比,只有当你的投资回报率超过了国债报酬率,你才值得投资该企业。当然了,自由现金流这一投资理念不仅仅适合于股票投资,同样适合于农业、油田、彩票、企业投资等方面。

在巴菲特看来,很多股票分析员喜欢用所谓的技术指标来分析股票是否值得投资,例如股利报酬率、成长率、本金收益比等,这样的分析是没有道理的。巴菲特认为,除非这些指标能够为计算企业未来的现金流入流出提供一些线索,否则这些技术指标没有任何意义,甚至还会误导投资者。巴菲特认为,只有自由现金流是投资者能够真真实实拥有的东西。

虽然现在股票市场上很流行投机主义,很多人只关心会不会有别人以更高价格把股票从自己手上买走,但这不是他喜欢做的事情。巴菲特觉得就像如果树林里没有鸟,你捕不到鸟一样,如果企业根本不产生自由现金流,投资者怎么能奢求从中获利呢?获利的只可能是那些利用市场泡沫创造出来的泡沫公司而已。只有企业拥有充沛的自由现金流,投资者才能从投资中获得回报。

## 有雄厚现金实力的企业会越来越好

在选择投资企业时,我们要充分考虑企业的自由现金流是否充沛。另外,作为普通投资者,我们也应该尽量保持手中拥有比较充沛的现金。这样不仅可以让我们的生活安稳一些,也可以避免我们碰到合适的投资机会却没有钱进行投资。

1996年,巴菲特在致股东的信里写道:"在'霹雳猫'保险业务中,我们主要有三个竞争优势。首先向我们投保再保险的客户都相信我们的能力。他们知道即使在最糟糕的情况下我们也会履约付款。他们知道如果真的发生什么大灾难，也许金融危机就会接踵而来。到那时可能连一些原本享有盛誉的再保险公司也拿不出钱来。而我们之所以从来不把风险再转嫁出去，因为我们对灾难发生时其他再保险公司的支付能力持保留态度。"

巴菲特之所以对其他再保险公司支付能力持保留态度，是因为巴菲特觉得其他再保险公司的自有资金流都远远比不上伯克希尔公司。巴菲特认为，投资者购买的股票其自由现金流是否持续充沛，这是考察该公司是否值得投资的最重要的一方面。企业只有拥有充沛的自由现金流，才可以在该领域更好地施展身手。

一直以来，巴菲特对保险业都保持着浓厚的兴趣。在巴菲特看来，保险公司可以产生充沛的自由现金流。保险客户支付保费，提供了庞大的经常性的流动现金，保险公司可以把这些现金再加以投资。巴菲特认为，投资保险业，一来可以获得稳健经营的保险公司，二来可以获得投资所需的丰厚资金。

但巴菲特也深刻明白：投资保险业务，拥有充沛的自由现金流是非常重要的。自由现金流持续充沛的上市公司必然具备强大的财务实力，而这种财务实力反过来又会促使该企业承接到实力较小的同行所无法企及的业务，显示出强者更强的"马太效应"来。正因为伯克希尔公司拥有强大无比的自由现金流，接下了许多别人不敢接的大订单，例如一些超大型特殊风险，通常是其他再保险公司无法承担的灾难性风险，如加州大地震，以及其他一些非常特别的保单，使伯克希尔公司成为美国最大的再保险公司。

2003年百事可乐公司举办过一次中奖活动，活动的每位参加者都有机会获得10亿美元的大奖。10亿美元可不是一笔小数目，于是百事可乐公司就想到了找一家保险公司来分散这种风险，而他们最先想到的就是伯克希尔公司。伯克希尔公司独立承担了这次中奖活动的所有风险。2003年9月14日，中奖活动正式举行，令伯克希尔公司感到幸运的是10亿美元大奖并未被抽走。如果某位幸运顾客真的抽到了10亿美元大奖，即便是分期付款，伯克希尔公司也要马上掏出数亿美元。放眼望去，能够马上拿出数亿美元现金的公司真没有几家。

巴菲特曾经说过，伯克希尔公司在保险方面的最大优势就是，公司拥有雄厚的现金实力作保证，几乎可以将所有风险独自承担下来，而不像大多数再保险公司，很多风险都还要与其他再保险公司共同承担。这样风险自然小了，但与之相应的是利润也降低了。

## 自由现金流代表着真金白银

投资者在选择企业时要注意：如果一个企业能够不依靠不断的资金投入和外债支援，光靠运营过程中产生的自由现金流就可以维持现有的发展水平，那么这是一个值得投资的好企业，千万不要错过。

巴菲特用他2.3亿美元的现金流购买了斯科夫·费策公司，在15年的时间里就赚取了10.3亿美元的利润。而这10.3亿美元的现金流，又被巴菲特投资到其他企业赚取了几十亿美元的利润。这也许就是为什么巴菲特会坚持认为自由现金流是真金白银的原因吧。

在巴菲特眼里，真正值得投资的好企业就是这样。在企业运转的过程中，企业自身就可以产生充沛的自由现金流，不用靠投资者后续投入，也不用靠企业负债经营，就可以实现稳定发展，甚至推动经营业绩和自由现金流的增长。

很多人经常预测分析宏观经济形势，根据国家政策和经济形势的变化来选择投资的股票。但巴菲特认为，拥有充沛的现金流是他选择企业考虑的重要因素。宏观经济形势并不太影响他做出投资的决定。

巴菲特购买时思糖果就是一个典型的例子。1972年当伯克希尔公司准备购买时思糖果公司的时候，巴菲特就听闻政府要对糖果实施价格管制，但他依然没有改变自己的决定。果不其然，当他购买后不久政府就实施了价格管制。可是巴菲特一点都不后悔。如今回头来看，如果当初伯克希尔公司因为政府实行价格管制而放弃时思糖果公司，那么一个绝好的投资机会就会与他擦肩而过。毕竟当初巴菲特以2500万美元购买的时思糖果公司，现在每年的税前利润高达6000万美元。

1987年，巴菲特在给股东的信中提到：伯克希尔公司投资的7个主要的非金融行业企业，获得高达1.8亿美元的税前收入。就算扣除了所得税和利息，也还有1亿美元的净利润。这些企业的股东权益投资报酬率平均高达57%，远高于账面价值增长率。之所以会出现这样的情形，巴菲特认为这与企业能够产生源源不断的自由现金流是密切相关的。

再比如巴菲特罕见的一次高科技投资案例，看重的也是其充沛的自由现金流。1999年当巴菲特买入TCA电信时，巴菲特觉得其价格已经不太具有诱惑性，但TCA电信每年1亿美元以上的自由现金流成功地吸引了巴菲特的目光。当然对于巴菲特来说，这依然是一次成功的投资。2005年COX电信巨资收购了TCA电信，巴菲特大赚一笔后成功退出。

**伟大的公司必须现金流充沛**

自由现金流非常重要。在选择投资对象的时候，我们不要被成长率、增长率等数据迷惑，只有充裕的自由现金流才能给予我们投资者真正想要的回报。这是巴菲特用惨痛的教训告诉我们的，我们一定要铭记于心。

巴菲特在2007年致股东的信里说："伯克希尔公司一直在努力寻找能够在特定行业中具有长期竞争优势的企业。如果这些企业具有成长性我们自然非常高兴。不过如果没有成长性也没有关系，只要企业能产生源源不断的自由现金流，我们也愿意投资。因为伯克希尔公司可以把从这些企业获得的自由现金流重新投入到其他企业再赚取利润。"

巴菲特认为，现金流就好像企业的血液，那些依靠不断输血的企业必然活不长久，只有血液旺盛的企业才能够活得更久。

真正伟大的业务不仅仅能够从有形资产中获得巨大回报,而且不需要依靠后续的投入就能够维持业务的正常运转。因此具有充沛的自由现金流是一家真正伟大的企业的必备条件之一。这样企业就可以把获得的利润重新投资赚取更多的利润。

伯克希尔公司就是一个很好的例子。伯克希尔公司的股价之所以能够全球第一,这与伯克希尔公司始终拥有相当比例的现金是分不开的。因为伯克希尔公司具有充沛的自由现金流,所以伯克希尔公司可以在股市低迷时抄底股市,获得更好的投资良机和更高的投资回报率。而伯克希尔公司充沛的现金来源于它控股或者投资的几十家企业。

在巴菲特的心目中,时思糖果公司就是一个伟大的公司。当1972年巴菲特收购时思糖果公司时,由于美国人均消费巧克力量非常低,时思糖果公司所在的盒装巧克力行业发展缓慢,当时时思糖果公司的税前利润还不到500万美元,所以巴菲特花费了2500万美元就把时思糖果公司买下了。在收购的几十年里,巴菲特只在最初的时候投了3200万美元对时思糖果公司进行改造,后来就没有再投入过一分钱。现在时思糖果公司的税前利润已经达到13.5亿美元。而这些利润大部分都上交给了伯克希尔公司,巴菲特用这些资金再继续进行投资。由此可见,时思糖果公司在某个程度上就是伯克希尔公司的取款机,为伯克希尔公司源源不断地输送新鲜的血液。时思糖果的伟大之处就在这里。当大多数企业需要4亿美元的投入才能够实现税前利润从500万美元增长到8200万美元时,时思糖果不仅不需要投资,还为伯克希尔公司提供源源不断的自由现金流。

如果企业成长速度很快,可是却需要大量资本投入才能维持其原有发展速度,在巴菲特眼里就是不值得投资的糟糕公司。美国航空公司就是巴菲特眼中的糟糕公司。巴菲特曾在2008年致股东的信中这么评价航空业:"自从第一架飞机诞生以来,航空业就需要投入源源不断的资金来维持。很多投资者受到其增长率数据的吸引,不断地将资金投入到这个无底洞中,直至他们对这个行业感到厌恶。"1989年巴菲特购买了美国航空公司绩优股,但没过几年,美国航空公司就陷入了失控的局面,不断亏损,都无法全额支付伯克希尔公司的股利,这伤透了巴菲特的心。

**有没有利润上交是不一样的**

在分析企业的经营状况时,如果企业是另外一个企业的子公司,那么一定要注意观察该企业有没有把利润上交给母公司。如果该企业把大部分利润上交给母公司后,在账面上还有和同行业公司相同的业绩表现,那么你可以选择投资它。

1997年巴菲特在致股东的信里写道:"很多人可能无法真正体会到伯克希尔旗下的企业的表现到底有多么出色。从表面看,水牛城日报公司或是斯科特·费策公司的表现和其他同行的获利都不相上下,没有任何突出之处,但是有一点需要大家注意,大部分上市公司为了维持公司的成长,通常都会保留2/3以上的利润,而伯克希尔旗下的大部分子公司却将其所有盈余都交回了母公司。正是他们上交的资金,让伯克希尔得到了更好的发展。"

巴菲特认为,在考察企业的自由现金流时,一定要特别注意该公司有没有向母公司上缴利润。利润上交与否,和企业的经营状况有着很大的关系。如果公司把利润留在企业用于企业的自身发展,这对该公司未来的业绩表现会有累积作用。但是如果子公司把所有利润上交给母公司,这样就使得本该属于这些子公司的未来业绩表现的很大一部分被转移到母公司的业绩表现上。

我们可以用很简单的一个例子来表现二者之间的差别。假设甲、乙两人每个月都能赚取2000元的利润。甲是上班族,每月领2000元工资。乙是个体经营者,每个月卖货物赚取2000元利润。虽然他们赚取的都是2000元,可是乙每个月都需要从利润中拿出1000元用来进货,乙真正可以消费的是1000元。

伯克希尔公司的强劲发展,其中很大一部分的功劳就是其旗下子公司创造的利润。斯科特·费策公司等3家企业在1997

年以前的几年中就上交了高达18亿美元利润给伯克希尔公司。正是这些资金，使得伯克希尔公司在适当时机投资了一些优秀企业，得到了很高的投资回报。难怪巴菲特经常说，伯克希尔公司非常感谢下属子公司的经理人。这些经理人创造的成就绝不仅仅是我们在账面上所能看到的业绩，他们创造的实际成绩要比这大很多。

伯克希尔公司的充沛现金流还有一个重大来源，那就是其旗下保险公司上交的浮存金。虽然浮存金不属于公司盈利，却可以随时随地地归伯克希尔公司投资之用。据说巴菲特当时之所以投资保险业，很大原因就是他看好浮存金。目前伯克希尔公司旗下企业有一半都是保险公司，可供伯克希尔公司使用的浮存金也自然不容忽视。1967年伯克希尔公司的保险浮存金仅为2000万美元，而2005年年末已增长到490亿美元。显而易见，巴菲特手中拥有越多保险浮存金，就越有利于伯克希尔公司的发展。

**资金分配实质上是最重要的管理行为**

在挑选投资的股票时，我们要注意观察企业的盈余资金流向。不同的企业管理层有不同的资金分配方式。运用巴菲特的资金分配法则来衡量你所选择的企业的资金分配是否合理。

巴菲特在1983年致股东的信里写道："我们非常希望可以通过直接拥有会产生现金且具有稳定的高投资报酬率的各种公司来达到上述目标。如果做不到，我们只好退而求其次，让我们的保险子公司在公开市场购并这种公司或者买进这种公司的部分股权。保险公司为此付出的股票价格和投资机会所需要的资金，将会决定伯克希尔年度资金的配置。"

巴菲特这里所提到的目标，指的是股票的内在价值年增长速率，在不低于美国企业的平均水平下尽可能越来越大。而要实现这个目标，在巴菲特看来，只有通过合理的资金分配才能达到上述目标。

如何分配公司的资金，是与公司所处的生命周期密切相关的。在公司发展初期，由于公司要设计和生产新产品以及开拓产品市场，需要大量资金，所以盈利产生的大多数资金自然会被继续投入公司运营中。当公司到了快速增长阶段，一般来说公司很难完全靠盈利的资金来支撑这种快速增长，大多数公司都会通过发行证券或者借贷资金来弥补资金缺口，这时候也不存在资金分配问题。当企业进入成熟期，企业的增长速度变慢，企业盈利资金收入将会高于其运营和发展所需的资金。这时候如何分配资金就是一个难题。

这时候企业管理层有3种选择：一是继续把这些过剩的资金全部用于内部再投资；二是把这些剩余资金投资于其他公司；三是把这些剩余资金以股利形式返还给股东。

巴菲特认为，如果公司把这些资金用于内部的再投资，可以获得高于一般水平的证券回报，那么这时候最明智的选择就是把所有利润全部用来进行再投资；相反，如果再投资的投资报酬率低于一般水平，这时候再进行再投资实际上就是不合算的。如果公司管理层不重视这个现实，还一意孤行地进行内部再投资，用不了多久，公司的现金就会变成无用的资源，公司股价就会下跌。通俗地说，这样的投资越多，效益反而会变得越来越差。

很多公司经理人选择第二种投资方式：投资其他公司。通常这种投资行为就是收购其他公司。但巴菲特认为，这种收购交易大多是以过高的价格达成的，不是很划算。而且在公司整合的过程中还会出现很多意想不到的问题，也容易做出错误的决策，这样付出的代价有些太大了。

巴菲特觉得这时候最好的资金分配方式就是把利润返还给股东。这里有两种方式：一是提高股息，多分红；二是回购股票。巴菲特最赞同回购公司股票这种形式。

## 现金流不能只看账面数字

巴菲特告诉我们：不要完全信赖企业的会计账目。会计账目并不能完全体现整个企业的经营风貌。同样的道理，我们也不能根据股票的价格来判定股票的好坏,股票价格的高低并不能完全代表股票的价值。

1983年,巴菲特在写给股东的信里说:"账面数字并不会影响我们投资企业或资金分配的决策。当购并成本相近时,我们更愿意选择那种依据会计原则未显示在账面上的两块钱盈余,而不是那种完全列示在账面上的一块钱盈余。这也是为什么我们常常愿意以更高的价格购买整个企业而不是购买企业的一部分的原因。长期来说,我们更喜欢这些依据会计原则不可列示的盈余能够通过长期资本利得反映在公司账面之上。"

巴菲特认为,自由现金流是衡量企业内在价值的重要指标。但是要观察一个企业产生的自由现金流,不能仅仅看会计账本上的数字。

在巴菲特看来,一个有两元钱盈余却未显示在账面上的企业,比一个账面上有一块钱盈余的企业更具有吸引力。如果这两个企业的购并成本差不多,他更愿意购买那个有两元钱盈余却未显示在账面上的企业,就好像他更喜欢购买整个企业而不是企业的一部分一样。巴菲特觉得,卖家总比买家精明。不论买家花多大精力去了解企业,总不如卖家对企业了解。如果你购买企业的一部分,卖家很有可能会把那些账面上很漂亮但实际经营业绩不太好的那部分卖给你,而把真正赚钱的一部分留给自己。

就像前面提到的水牛城日报公司。如果单从账面数字来观察,我们就会觉得这个公司和同行业内的其他公司的业绩水平相当,没有让人眼睛为之一亮。但是水牛城日报的大部分利润上交给了伯克希尔公司,而不是像其他公司一样留存着为未来作积累。水牛城日报的利润被伯克希尔公司用作再投资产生更高的回报率,可是这并不会在水牛城日报公司的账面上显示。

由于伯克希尔旗下的子公司把大部分利润都交给了伯克希尔公司来进行再投资,而投资的业绩在子公司的账面数字上无法体现出来,巴菲特为了让股东对这些公司有更深层次的了解,就在每年伯克希尔公司的年报中,根据自己的理解来做公司年度业绩报表,用更清晰更透彻的方式来反映旗下子公司中每个主要经营行业的获利情况。

巴菲特觉得,人们不能过于信赖账面数字。如果过于信赖账面数字,有时候人们就会被账面上的乐观数据迷惑,而忘记危险会随时出现。很多保险公司就是这样,对迫在眉睫的损失处理过于乐观,看着账面上的盈利金额洋洋得意,但不知道也许只是一场飓风就可以让整个公司马上破产。和其他人的过度乐观相比,巴菲特总是非常谨慎。像伯克希尔公司旗下的保险公司 MedPro 公司就提取了非常充足的损失准备金,时刻以稳定安全作为企业发展的前提。

## 利用政府的自由现金流盈利

一个国家想要保持自己的坚挺势头,就要像企业一样产生源源不断的自由现金流。作为普通投资者的我们,自然无法控制国家货币价值走向,但我们可以像巴菲特一样,利用国家货币的升值或贬值,为自己寻找更多的投资机会。

2007 年巴菲特在给股东的信里写道:"最近一段时间很多人都在讨论主权财富基金,讨论它们如何大量购买美国公司的股份。其实这并不是外国政府的什么阴谋,而是我们美国自己造成的,事实上,我们贸易平衡很大程度上依赖着在美国的巨额外国投资。既然我们每天都把 20 亿美元强加给其他国家,那么他们必然要在这里做点什么。既然如此,我们又何必抱怨他们选择股票而不是债券呢。"

所谓主权财富,与私人财富相反,是一种由政府控制支配的、以外币形式持有的公共财富,指的是一个国家政府通过一定的税收与预算分配渠道,以及可再生自然资源收入和国际收支盈余等方式,逐步积累形成的财富。主权财富基金就是由国家专门设立的一个管理主权财富的独立机构,该机构通常独立于中央银行和财政部。毋庸置疑,它代表的是国家政府理财方式。在巴菲特的眼里,国家和企业一样。一个伟大的企业需要充沛的自由现金流,同样,一个伟大的国家也需要充沛的自由现金流。

为什么主权财富购买美国股票的行为是美国自己造成的呢？巴菲特认为，这主要是价格原因，美国人对其他国家的产品的热爱程度，已经超过了对美国本土的产品的热爱程度。这导致的直接后果就是美国每天都向世界上的其他国家输出大约20亿美元。时间久了，流通在国外的美元越来越多，美国的自由现金流就越来越少了。从而相对于世界其他货币来说，美元就越来越贬值了。当然了，什么事情都有两面性。美元一旦贬值，又会降低美国产品的价格，这样相对来说其他国家的产品价格就显得比较高了，于是又有人开始购买美国的产品，从而间接地缓解美国的贸易赤字。总的来说，一方面，美国人大量购买其他国家的廉价产品使得美元大幅度贬值；另一方面，美元大幅度贬值又会降低美国产品价格，相应缓解贸易赤字。巴菲特所在的伯克希尔公司的大部分投资和收益都在美国，这在某个程度上也为美国的自由现金流做出了一定贡献。

　　但面对美元的贬值，巴菲特也多次表示他将利用这个机会，尽可能从国外市场获得更多的利润。巴菲特在2008年致股东函里提到，伯克希尔公司2007年只拥有巴西货币雷亚尔这一种直接的外汇头寸。在2007年，这是一件很正常的事情，谁也不会奇怪。可是如果在几十年前，谁把美元换成雷亚尔，很多人都会觉得这个人是个疯子。因为在20世纪末，由于多达5个版本的巴西货币，让雷亚尔快变成狂欢节里撒的小纸片了。当货币真实出现像许多国家一样的情况：货币陷入发行、贬值，退出流通的周期性中，富有的巴西人为保护他们的财富，有时将大笔的钱转移到美国。但近些年，由于美元的贬值，雷亚尔相对来说升值很多。2002年雷亚尔对美元的外汇指数为100，2007年年末就已经升到了199，与此同时美元却在步步下跌。就这一种直接外汇头寸，在过去5年中为巴菲特带来了23亿美元的税前收益。

# 第五章 巴菲特教你挑选股票

## 第一节 宏观经济与股市互为晴雨表

**利率变动对股市的影响**

对股票市场及股票价格产生影响的种种因素中最敏锐的莫过于金融因素。在金融因素中,利率水准的变动对股市行情的影响又最为直接和迅速。一般来说,利率下降时,股票的价格就上涨;利率上升时,股票的价格就会下跌。因此,利率的高低以及利率同股票市场的关系,也成为股票投资者据以买进和卖出股票的重要依据。

巴菲特说:"20世纪可以说是美国经济最为成功的100年,在这期间美国和加拿大的人均国民生产总值都在稳步增长。但由于这期间国家经历了两次世界大战,并且经历了前所未有的经济大萧条,当时美联储的基准借贷利率最高时可达到21%,最低时达到1%,因此我并不十分看重利率这样的浮动因素,不过对于个人来说,利率的增减当然也是很重要的,但是不要忘记的是,无论什么时候你身上的债务也正是你拥有的资产。"

巴菲特认为金融因素极为敏感地影响着股票市场及股票价格。利率水准的变动又是金融因素中最直接和迅速地影响着股市行情的因素。

为什么利率的升降与股价的变化呈上述反向运动的关系呢?主要有3个原因:

(1)利率的上升,不仅会增加公司的借款成本,而且还会使公司难以获得必需的资金,这样,公司就不得不削减生产规模,而生产规模的缩小又势必会减少公司的未来利润。因此,股票价格就会下降。反之,股票价格就会上涨。

(2)利率上升时,投资者据以评估股票价值所在的折现率也会上升,股票价值因此会下降,从而,也会使股票价格相应下降;反之,利率下降时,股票价格就会上升。

(3)利率上升时,一部分资金从投向股市转向银行储蓄和购买债券,从而会减少市场上的股票需求,使股票价格出现下跌。反之,利率下降时,储蓄的获利能力降低,一部分资金就可能回到股市中来,从而扩大对股票的需求,使股票价格上涨。

人们也不能将上述利率与股价运动呈反向变化的一般情况绝对化。在股市发展的历史上,也有一些相对特殊的情形。当形势看好时,股票行情暴涨的时候,利率的调整对股价的控制作用就不会很大。同样,当股市处于暴跌的时候,即使出现利率下降的调整政策,也可能会使股价回升乏力。

例如,利率和股票价格同时上升的情形在美国1978年就曾出现过。当时出现这种异常现象主要有两个原因:一是许多金融机构对美国政府当时维持美元在世界上的地位和控制通货膨胀的能力有一定的疑虑;二是当时股票价格已经下降到极低点,远远偏离了股票的实际价格,从而使大量的外国资金流向了美国股市,引起了股票价格的上涨。在香港,1981年也曾出现过同样的情形。当然,这种利率和股票价格同时上升和同时回落的现象至今为止也还是比较少见的。

鉴于利率与股价运动呈反向变化是一种一般情形,投资者就应该密切关注利率的升降,并对利率的走向进行必要的预测,以便抢在利率变动之前,就进行股票买卖。

对于我国的投资者而言,在对利率的升降走向进行预测时,应该关注的几项变化包括:一是贷款利率的变化情况。由于贷款的资金是由银行存款来供应的,因此,根据贷款利率的下调可以推测出存款利率必将出现下降。二是市场的景气动向。如果市场过旺,物价上涨,国家就有可能采取措施来提高利率水准,以吸引居民存款的方式来减轻市场压力。相反如果市场疲软，国家就有可能以降低利率水准的方法来推动市场。三是国内利率水准的升降和股市行情的涨跌也会受国际金融市场的利率水准的影响。在一个开放的市场体系中是没有国界的，海外利率水准的升高或降低，一方面对国内的利率水准产生影响，另一方面，也会导致海外资金退出或进入国内股市，拉动股票价格下跌或上扬。

**通货膨胀对股市的双重影响**

巴菲特对通货膨胀感到担忧，认为它是比任何税收都更具劫掠性的一种税；如果通货膨胀失去控制，你买的国债就是废纸。不过即使在通货膨胀时期，股票可能仍然是所有有限的几种选择中最好的一种。

1979年巴菲特在致股东的信里说："我们实际上是存在怀疑的，为什么长期的固定利率的债券仍然能够在商场上存在。当我们确信美元的购买率在变小的时候，这些美元包括政府发行的其他货币在内，都难以再作为长期的商业风向标。与此同时，长期的债券最终也会沦为壁纸，对于拥有2010年或2020年到期债券的持有人来说，他们的处境是很艰难的。

"现在的利率已经反映出了较高的通货膨胀率，这使新发行的债券对投资者有了一些保障，这就导致我们错过债券价格反弹获利的机会，正如我们并不愿意用一个固定的价格预售出自己手中的2010年或2020年的一磅时思糖果或一尺伯克希尔生产的布料一样，我们同时也不会用固定的价格预售出未来40年的金钱使用权。"

巴菲特认为影响股票市场以及股票价格的一个重要宏观经济因素是通货膨胀。这一因素对股票市场的影响比较复杂，它既有刺激股票市场的作用，又有压抑股票市场的作用。通货膨胀主要是由于过多地增加货币供应量造成的。货币供应量与股票价格一般是呈正比关系，即货币供应量增大使股票价格上升，反之，货币供应量缩小则使股票价格下降，但在特殊情况下又有相反的作用。

货币供给量对股票价格的正比关系，有3种表现：

（1）货币供给量增加，一方面可以促进企业生产，扶持物价水平，阻止商品利润的下降；另一方面使得市场对股票的需求增加，促进股票市场的繁荣。

（2）货币供给量增加引起社会商品的价格上涨，股份公司的销售收入及利润相应增加，从而使得以货币形式表现的股利（即股票的名义收益）会有一定幅度的上升，使股票需求增加，从而股票价格也相应上涨。

（3）货币供给量的持续增加引起通货膨胀，通货膨胀带来的往往是虚假的市场繁荣，造成一种企业利润普遍上升的假象，保值意识使人们倾向于将货币投向贵重金属、不动产和短期债券，股票需求量也会增加，从而使股票价格也相应增加。

由此可见，货币供应量的增减是影响股价升降的重要原因之一。当货币供应量增加时，多余部分的社会购买力就会投入到股市，从而把股价抬高；反之，如果货币供应量少，社会购买力降低，投资就会减少，股市陷入低迷状态，因而股价也必定会受到影响。而另一方面，当通货膨胀达到一定程度，通货膨胀率甚至超过了两位数时，将会推动利率上升，资金从股市中外流，从而使股价下跌。

总之，当通货膨胀对股票市场的刺激作用大时，股票市场的趋势与通货膨胀的趋势一致；而其压抑作用大时，股票市场的趋势与通货膨胀的趋势相反。

举例来说，假设一个投资人的年报酬率为20%（这已是一般人很难达到的成绩了），而当年度的通货膨胀率为12%，其又不幸适用50%的所得税率，则我们会发现该投资人在盈余全数发放的情形下，其实质报酬率可能是负的，因为这20%的股利收入有一半要归公，剩下的10%全部被通货膨胀吃光，不够还要倒贴，这结局可能还不如在通货膨胀温和时投资一家获利平平的公司。

需要指出的是，分析通货膨胀对股票行市的影响，应该区分不同的通货膨胀水平。

一般认为，通货膨胀率很低（如5%以内）时，危害并不大且对股票价格还有推动作用。因为，通货膨胀主要是因为货币供应量增多造成的。货币供应量增多，开始时一般能刺激生产，增加公司利润，从而增加可分派股息。股息的增加会使股票更具吸引力，于是股票价格将上涨。当通货膨胀率较高且持续到一定阶段时，经济发展和物价的前景就不可捉摸，整个经济形势会变得很不稳定。这时，一方面企业的发展会变得飘忽不定，企业利润前景不明，影响新投资注入。另一方面，政府会提高利率水平，从而使股价下降。在这两方面因素的共同作用下，股价水平将显著下降。

对于投资者而言，应该看到通货膨胀的双面影响才能够抓住股价正确的变动方向。

**经济政策对股市的影响**

虽然货币政策和财政政策对股市的调节起着重要的作用，但是各种费率的改变能够对股民的切身利益起到直接的刺激作用。因为中国的股市还没有完全成熟，由经济政策引发股民心理上的影响也是不容忽视的，所以在经济环境改变的情况下，投资者应该密切关注经济政策对股市产生的影响。

巴菲特在2008年年度股东大会上说："过去的一年是非常奇异的一年，而我们的经济面对的是金融风暴。我认为政府做出了正确的决策，及时的行动。但是政府未来的前景还是困难重重的。因为经济经历过金融风暴，所以没有人可以要求完美的回报。"

巴菲特在描述了他短期的痛苦之后，对长远的前景依然保持着乐观的信心。但实际上在金融风暴发生的这一年对于巴菲特来说是非常艰难的一年，他的巴郡公司的投资价值损失了10%。而他本人的财富也减少了250亿美元（170亿英镑）。巴郡公司在2008年的表现是过去40年以来最差的一年，比如，他在 2008 年买下了石油公司 Conocohillips 的大笔股票，而没多久石油价格的暴跌使他损失了 30 亿美元。虽然面临着这么多的损失和困难，但是巴郡公司和同样在过去一年里损失惨重的其他投资公司相比，还是相对较好的。而巴菲特先生也表示他将会长期持有他所有的投资直到经济回升，也就是说直到他的投资盈利为止。

可见经济环境对股市的影响是极为严重的。但是在这种经济环境下，往往能够得到国家的经济政策的刺激，这样股市的表现就能够有所转变。通常所说的经济政策包括货币政策和财政政策。

1. 货币政策对股市的影响

货币政策是政府宏观调控的基本手段之一。由于社会总供给和总需求的平衡与货币供给总量与货币需求总量的平衡相辅相成，因而宏观调控之重点必然立足于货币供给量。货币政策主要针对货币供给量的调节和控制展开，进而实现诸如稳定货币、增加就业、平衡国际收支、发展经济等宏观经济目标。

货币政策对股票市场有着非常大的影响。宽松的货币政策会扩大社会上货币供给总量，对经济发展和证券市场交易有着积极影响。但是货币供应太多又会引起通货膨胀，使企业发展受到影响，使实际投资收益率下降。紧缩的货币政策则相反，它会减少社会上货币供给总量，不利于经济发展，不利于证券市场的活跃和发展。另外，货币政策对人们的心理影响也非常大，这种影响对股市的涨跌又将产生极大的推动作用。

2. 财政政策对股市的影响

财政是国家为实现其职能的需要对一部分社会产品进行的分配活动，它体现着国家与其有关各方面发生的经济关系。国家财政资金的来源，主要来自企业的纯收入，其大小取决于物质生产部门以及其他事业的发展状况、经济结构的优化、经济效益的高低以及财政政策的正确与否，财政支出主要用于经济建设、公共事业、教育、国防以及社会福利，国家合理的预算收支及措施会促使股价上涨，重点使用的方向，也会影响到股价。

财政规模和采取的财政方针对股市有着直接影响。假如财政规模扩大，只要国家采取积极的财政方针，股价就会上涨；相反，国家财政规模缩小，或者显示将要紧缩财政的预兆，则投资者会预测未来景气不好而减少投资，因而股价就会下跌。虽然股价反应的程度会依当时的股价水准而有所不同，但投资者可根据财政规模的增减，作为辨认股价转变的根据之一。

财政投资的重点，对企业业绩的好坏，也有很大影响。如果政府采取产业倾斜政策，重点向交通、能源、基础产业投资，则这类产业的股票价格，就会受到影响。财政支出的增减，直接受到影响的是与财政有关的企业，比如与电气通讯、房地产有关的产业。因此，每个投资者应了解财政实施的重点。股价发生变化的时点，通常在政府的预算原则和重点施政还未发表前，或者是在预算公布之后的初始阶段。因此，投资者对国家财政政策的变化，也必须给以密切的关注，关心财政政策变动的初始阶段，适时做出买入和卖出的决策。

## 汇率变动对股市的影响

1987年美国股票价格暴跌风潮的形成很大程度上是受外汇行情的影响。在当年全球股票价格暴跌风潮来临之前，美国突然公布预算赤字和外贸赤字，并声称要继续调整美元汇率，导致了人们普遍对美国经济和世界经济前景产生了恐慌心理。

投资者需要记住的是，不能基于任何迷信的原因，比如看到某个股票的主力资金是如何强大或是技术图形是如何完美，都不应该忽视经济规律。

2004年巴菲特在致股东的信里说："截止2003年年底，伯克希尔公司共持有的外汇部分达到了214亿美元，投资组合分散到了12种外币上，在2003年，我说过类似这样的投资还是头一次，在2002年以前，伯克希尔和我都没有买卖过外汇。但是更多的迹象表明，目前我国的贸易政策将为以后几年的汇率上升不断地施加压力。

……

"但是，我们国家如今实行的贸易政策最终会将美元拖垮。美元的价值现在已经出现了大幅的下滑，并且还没有任何好转的迹象。如果政策不对，外汇市场脱序的情况仍然会不断地发生，并且在政治和金融上产生一定的连锁反应，虽然没有人能够保证会有多大层面的影响，但是政治家们不得不看到这个问题的严重性。"

汇率水平是一国宏观经济基本面的反映，而股票市场最能敏感地反映股民与一国综合经济因素之间的信心关系。一般而言，如果一国货币迅速升值，游资进入市场投机，将引发更多资金投入从而带动股价上涨，所以汇率的剧烈变动会给股市带来很大影响。

具体来说，汇率变动对股市的影响主要体现在3个方面。

首先，汇率变动可以改善或限制上市公司的进出口状况，从而影响上市公司的经营业绩和二级市场公司股价的变化，尤其是进出口量大的外贸企业受其影响更大。

其次，汇率变动对国内经济的影响集中体现在物价上，并通过物价、国民收入间接影响国内股市。本币汇率下跌，刺激出口，削弱进口产品的购买力，增加国民收入，物价水平上涨，诱导盈余资金流入股市；反之亦然。

再次，汇率剧烈变动还可以通过资本流动来影响股票价格。一国货币大幅度贬值，意味着投资者在该国的投资预期收益会面临高额的汇兑损失，投资者如果对该国经济前景失去信心，就会抽逃资金来规避风险，从而带动其他资金出逃致使股价下跌；同时，为避免本国货币大幅度贬值，该国政府可能需要提高利率，以留住外资支撑本币汇率。这样一来，公司经营成本会上升，利润就会减少，上市公司股票价格就会下跌。反之，如果高估本国货币的价值，提高本币的对外汇率，可以减少上市公司的生产成本，增加利润，上市公司股价就会上涨；同时也可以较低的价格购买国外企业，加速对外投资，这样上市公司资产价值提高，可以吸引更多的国际投资者购买该国公司股票，促使公司股价提高。

在当代国际贸易迅速发展的潮流中，汇率对一个国家的经济影响越来越大。任何一国的经济在不同程度上都受到汇率变动的影响。

以日本为例，第二次世界大战以后，日本经历了两次大的汇率变动，第一次是1971年12月的"斯密森协议"，日元兑美元的汇率从360日元上涨到306日元，涨幅为18%。第二次是1985年12月的"广场协议"之后，令日元汇率在10年间升值近3倍。"广场协议"后10年间，日元币值平均每年上升5%以上，无异于给国际资本投资日本的股市和楼市一个稳赚不赔的保险：即使投资的资产日元价格没有升值，也可以通过汇率变动获得5%以上的收益。而实际上日本国内由于低利率政策刺激了股市和楼市价格的快速上涨，因此国际资本投资日本股市和房市可以获得双重收益——资产价格的升值和日元的升值。

受日元升值的影响，日本股市逐波上升，出现持续6年的激进繁荣，并且随后一直延续着涨升态势，到1989年底，日经指数平均股价创下了38957.44点的历史高点。整个上升过程，从启动到最后结束，延续了整整17年，涨幅高达19倍。可以说日元的升值，引发并强化了日本股市在20世纪70年代至80年代的历史上最长的一次牛市。但是，随后日本股市便陷入了长期的熊市，直到现在，日本股市还没有真正摆脱熊市的阴影。

随着我国的对外开放的不断深入，以及世界贸易开放程度的不断提高，我国股市受汇率的影响也会越来越显著。

**经济周期对股市的影响**

一般情况是企业收益有希望增加或由于企业扩大规模而希望增资的景气的时期，资金会大量流入股市。但却出现萧条时期资金不是从股市流走，而是流进股市的情况，尤其在此期间，政府为了促进市场景气而扩大财政支付，公司则因为设备过剩，不会进行新的投资，因而拥有大量的闲置货币资金，一旦这些带有一定的投机性资金流入股市，则股市的买卖和价格上升就与企业收益无关。考虑到各类股票本身的特性,以便在不同的市场情况下做出具体选择才是明智的投资者。

巴菲特说过:"在经济上,经济周期的变化非常重要,并且全球经济越来越表现出较强的联动性,如这次金融危机,几乎全球所有的国家都不可避免;货币政策对企业和股市的影响也很大……"

宏观经济周期的变动,或称市场景气的变动,是影响股价变动的最重要的市场因素之一,它对企业营运及股价的影响极大,是股市的大行情。因此经济周期与股价的关联性是投资者不能忽视的。

从历史上出现的经济周期的结果来看,股价在一定的经济周期内都有不同的表现形式。衰退、危机、复苏和繁荣形成了经济周期的四个阶段。一般来说,在经济衰退时期,股票价格会逐渐下跌;到危机时期,股价跌至最低点;而经济复苏开始时,股价又会逐步上升;到繁荣时,股价则上涨至最高点。这种变动的具体原因是,当经济开始衰退之后,企业的产量会随产品滞销、利润相应减少,势必导致股息、红利也不断减少,持股的股东因股票收益不佳而纷纷抛售,使股票价格下跌。当经济衰退已经达到经济危机时,整个经济体系处于瘫痪状况,大量的企业倒闭,股票持有者由于对形势持悲观态度而纷纷卖出手中的股票,从而使整个股市价格大跌,市场处于萧条和混乱之中。经济周期经过最低谷之后又出现缓慢复苏的势头,随着经济结构的调整,商品开始有一定的销售量,企业又能开始给股东分发一些股息红利,股东慢慢觉得持股有利可图,于是纷纷购买,使股价缓缓回升;当经济由复苏达到繁荣阶段时,企业的商品生产能力与产量大增,商品销售状况良好,企业开始大量盈利,股票价格、股息、红利相应增多上涨至最高点。

应当看到,经济周期影响股价变动,但两者的变动周期又不是完全同步的。通常的情况是,不管在经济周期的哪一阶段,股价变动总是比实际的经济周期变动要领先一步。即在经济衰退以前,股价已开始下跌,而在经济复苏之前,股价已经回升；经济周期未步入高峰阶段时，股价已经见顶；经济仍处于衰退期间，股市已开始从谷底回升。这是因为股市股价的涨落包含着投资者对经济走势变动的预期和投资者的心理反应等因素。

根据经济循环周期来进行股票投资的策略选择是：经济衰退期的投资策略以保本为主，投资者在此阶段多采取持有现金（储蓄存款）和短期存款证券等形式，避免经济衰退期的投资损失，以待经济复苏时再适时进入股市；而在经济繁荣期，大部分产业及公司经营状况改善和盈利增加时，即使是不懂股市分析而盲目跟进的散户，往往也能从股票投资中赚钱。

**上市公司所属行业对股价的影响**

投资者在考虑新投资时，不能投资到那些快要没落和淘汰的"夕阳"行业。投资者在选择股票时，不能被眼前的景象所迷惑，要通过分析和判断企业所属的行业处于哪一时期来决定股票的购买。

1991年巴菲特在致股东信里写道："几年前几乎没有人，包括银行、股东与证券分析师在内，会不看好媒体事业的发展。事实上，报纸、电视与杂志等媒体的行为越来越超越作为特许行业所应该做的事。"

众所周知，巴菲特在行业选择上偏向于两类行业：一类是传播行业，另一类就是大众消费品行业。在1990年的投资报告中，巴菲特曾表示媒体事业的获利能力在衰退，这主要是因为该行业的行业景气指数在下降，但是到了1991年，情况却发生了转变，由于零售业形态开始转变，此外，广告和娱乐事业的多元化，使曾经一度风光的传媒行业的竞争力也受到了严重的侵蚀。

巴菲特认为，股价波动与行业有关。即有些行业的股票是属于投资性的，它的股价波动较小，适合长期投资；有些行业的股票是属于投机性的，它的股价波动较大，适合短期投机。此外，还有稳定性行业和周期性行业之别。

稳定性行业和周期性行业的发展轨迹不同，在股价波动方面的表现也大不一样。例如食品、饮料、药品等行业是最典型的稳定性行业，它们不会因为经济形势大好或经济萧条而发生剧烈变化。如药品，就不会因为经济形势好病人就每天多吃一粒药，或者因为经济萧条每天少吃一粒药。它的业绩增长比较稳定，股价波动也不是很大。

周期性行业在这方面就截然不同。如钢铁、水泥、石化、汽车、银行等行业就受宏观经济形势影响很大，具体到我国就是受宏观调控影响很大，股价变动剧烈，市盈率忽高忽低，最容易让那些以市盈率、净资产来衡量是否值得投资的投资者上当受骗。

从美国道琼斯工业指数也容易看出，美国的大牛股绝大多数出现在制造业、服务业、采掘业三大行业。伯克希尔公司的主要投资项目可口可乐公司、吉列公司等都属于制造业，保险公司、银行业等就属于服务业，埃克森石油公司等属于采掘业。

相反，公用事业类股票中就不容易出大牛股。荷兰股市的发展已有200年历史，从来没有一家公用事业股成为大牛股的。煤气、地铁、高速公路、隧道、电力、桥梁等这些行业虽然具有垄断性，可是价格收费却要受政府管制。此外，由于投资非常庞大，负债率极高，因此不可能获利过多。

相反在制造业，只要你的产品适销对路，尽可以在全球销售，可口可乐就是这样的典型产品。从理论上看，这类产品的规模、销售、利润可以无限扩张，从而带动它的内在价值不断升高，给投资者带来丰厚的利润回报。

不过要注意的是，无论哪个行业中都有表现突出和表现非常糟糕的个股，这是在确定具体个股投资时要考虑的地方。

巴菲特认为，股价波动和具体股票所在的行业有关。行业不同，股价波动规律也不一样，但这不是绝对的。从他的投资习惯来看，首先是选择行业，然后才是在这个行业中选择符合自己特定要求的个股。

## 第二节　选择成长股的 5 项标准

### 盈利才是硬道理

上市公司当期盈利质量的高低水平与公司经济价值的变动方向不一定是正相关的关系。公司当期的盈利质量可能比较高，但它的经济价值却正在下降；相反，公司当期的盈利质量可能比较低，但它的经济价值却正在上升。提前发现上市公司盈利质量的变化，对于控制投资风险是至关重要的。

巴菲特说："我想买入企业的标准之一是有持续稳定的盈利能力。"

公司盈利能力最终体现为股东创造的价值，而股东价值的增长最终体现在股票市值的增长。巴菲特在分析盈利能力时，是以长期投资的眼光来作为分析基础的，他强调说："我所看重的是公司的盈利能力，这种盈利能力是我所了解并认为可以保持的。"

巴菲特所选择的公司，它的产品盈利能力在所有上市公司中并不是最高的，但是，它们的产品盈利能力往往是所处行业的竞争对手们可望而不可即的。

巴菲特并不太看重一年的业绩高低，而更关心四五年的长期平均业绩高低，他认为这些长期平均业绩指标更加真实地反映了公司真正的盈利能力。因为，公司盈利并不是像行星围绕太阳运行的时间那样是一成不变的，而是总在不断波动的。

在盈利能力分析中，巴菲特主要关注以下 3 个方面：

1. 公司产品盈利能力。巴菲特主要分析公司产品销售利润率明显高于同行业竞争对手，简单地说，就是公司的产品比竞争对手的更赚钱。

2. 公司权益资本盈利能力。巴菲特主要分析公司用股东投入的每1美元资本赚了多少净利润，即我们经常说的净资产收益率，巴菲特非常关注公司为股东赚钱的能力是否比竞争对手更高。

3. 公司留存收益盈利能力。这是管理层利用未向股东分配的利润进行投资的回报，代表了管理层运用新增资本实现价值增长的能力。对每1美元的留存收益，公司应该转化成至少1美元的股票市值增长，才能让股东从股市上赚到与未分配利润相当的钱。

公司产品的盈利能力主要体现在公司的销售利润率上。如果管理者无法把销售收入变成销售利润，那么企业生产的产品就没有创造任何价值。

由于巴菲特所投资的公司是那些业务长期稳定的公司，所以这些公司利润率的高低在很大程度上取决于公司的成本管理。巴菲特多年的投资经验表明，成本管理存在"马太效应"，高成本运营的管理者趋向于不断寻找办法增加成本，而低成本经营的管理者却总在寻找办法降低成本。

巴菲特认为，衡量一家公司盈利能力的最佳指标是股东收益率。高水平的权益投资收益率必然会导致公司股东权益的高速增长，相应导致公司内在价值及股价的稳定增长。长期投资于具有高水平权益投资收益率的优秀公司，正是巴菲特获得巨大投资成功的重要秘诀之一。

**选择能持续获利的股票**

投资者需要注意的是，只要中国经济和股市的未来看好，你就应该坚持长期投资的策略。作为一种中长期投资理财方式，投资者真正需要关注的是股票长期的增长趋势和业绩表现的稳定性，而应对这种特点的操作方式就是长期持有。表现优秀的公司，能在各种市场环境下都能保持长期而稳定的获利能力，好业绩是判断一家公司优劣的重要标准。

巴菲特说："我们喜欢购买企业，我们不喜欢出售，我们希望与企业终生相伴。"

并不是所有买入的股票都要长期持有,具有持续获利能力的股票才值得长期持有。巴菲特判断持有还是卖出的唯一标准是公司具有持续获利的能力,而不是短期内其价格上涨或者下跌。

巴菲特曾说:"投资股票很简单。你所需要做的,就是以低于其内在价值的价格买入一家大企业的股票,同时确信这家企业拥有最正直和最能干的管理层。然后,你永远持有这些股票就可以了。"

既然是否长期持有股票由持续获利能力决定,那么衡量公司持续获利能力的主要指标是什么呢?

巴菲特认为最佳指标是透明盈利。透明盈利由以下几部分组成:报告营业利润,加上主要被投资公司的留存收益(按一般公认会计原则这部分未反映在我们公司利润里面),然后扣除这些留存收益分配给我们时本应该缴纳的税款。

为计算透明盈利,投资人应该确定投资组合中每只股票相应的可分配收益,然后进行加总。每个投资人的目标,应该是要建立一个投资组合(类似于一家投资公司),这个组合在从现在开始的10年左右将为他带来最高的预计透明盈利。

作为一名投资者,你的目标应当仅仅是以理性的价格买入你很容易就能够了解其业务的一家公司的部分股权,而且你可以确定在从现在开始的5年、10年、20年内,这家公司的收益肯定可以大幅度增长。在相当长的时间里,你会发现只有少数几家公司符合这些标准,所以一旦你看到一家符合以上标准的公司,你就应当买进相当数量的股票。你还必须忍受那些使你偏离以上投资原则的诱惑:如果你不愿意拥有一只股票10年,那就不要考虑拥有它10分钟。把那些获利能力会在未来几年中不断增长的公司股票聚集成一个投资组合,那么,这个组合的市场价值也将会不断增加。

也许有人会问,那我们又如何能发现股票的获利能力呢?巴菲特认为,如果持股时间足够长,公司价值一定会在股价上得到反应。我们的研究也发现,持股时间越长,其与公司价值

—133—

发现的关联度就越高：

（1）当股票持有3年，其相关性区间为0.131～0.360（相关性0.360表示股票价格的变动有36%是受公司盈余变动的影响）。

（2）当股票持有5年，相关性区间上移至0.574～0.599。

（3）当股票持有10年，相关性区间上升至0.593～0.695。

这些数字反映了一个相当有意义的正相关关系，其结果也在很大程度上支持了巴菲特的观点，即一家公司的股票价格在持有一段足够长的时间后，一定会反映公司基本面的状况。但巴菲特同时指出，一家公司的获利和股价表现的相互影响过程通常不是很均衡，也无法充分预期。也就是说，虽然获利与股价在一段时间里会有较强的相关性，但股票价格何时反映基本面的时机却难以精确掌握。巴菲特表示："就算市场价格在一段时间内都能随时反映企业价值，但仍有可能在其中的任何一年产生大幅度的波动。"

**选择安全的股票**

1985年巴菲特在致股东信里写道："或许你会认为法人的机构、拥有高薪的职员和经验丰富的专业人员会成为金融市场稳定与理性的力量，那你就大错特错了，那些法人持股比重较大且持续受关注的股票，其股价通常都不合理。"

投资者在进行长线择股时，应选择安全性的股票，这类股票即使股价跌了也无妨，只要耐心等待，股价一定会再上涨的。

巴菲特在进行任何一种投资时，寻找那些他相信从现在开始的10年或20年的时间里肯定拥有巨大竞争力的企业。至于那些迅速变迁的产业，尽管可能会提供巨大的成功机会，但是，他排除了寻找的确定性。

股票投资是一种风险较大的投资，其风险的存在让你不得不首先考虑投入资金的安全性。股票投资风险来源于企业、股票市场和购买力3个方面，投入资金的安全与否首先取决于企业的经营状况。

作为普通投资者,为了确保投资安全,你最好先从不同的角度全面地分析了解企业的情况,尽可能地选择这样一些企业进行投资:基础扎实,资金雄厚,有持久发展趋势;企业规模宏大,经营管理水平先进,产品专利性强,商标知名度高,有较强的生产能力和市场竞争优势;企业资产分配合理,流动资金与流动负债保持合理的比率;盈利率高,有丰富的原料来源和广泛的市场,或者其股票是国家重点发展和政府积极扶植的股票。

以下是投资者需要注意的选择安全股票的技巧:

(1)公司业绩每年增长15%左右,这是我们选择股票的第一要求,要达到这个要求其实并不困难。中国的GDP年增长率每年可以达到9%~10%,而国内很多行业的增长速度远远高于这一水平,例如奶制品行业每年可以增长30%,商业零售业可以增长20%多。

(2)除了看上市公司的历史业绩,一家优秀的公司还应具备:

①优秀的管理层。管理层包括公司的治理结构、管理能力以及管理团队等内容。

②时间足够长的成长或景气周期。这也是我们判断一家公司成长空间有多大的重要因素。

③企业的核心竞争力。核心竞争优势体现在:一是技术;二是管理;三是品牌;四是营销;五是成本控制;六是其他一些因素。

④所处的行业需求稳定增长,而不是暴涨暴跌的行业。

⑤有良好的业绩和分红记录。

⑥估值相对较低。主要考虑公司的成长性是否突出、是否持续,成长预期是否合理。

(3)判断在中国具有投资价值的公司。首先,要与中国的宏观经济发展相呼应,在一个中短期内受益于"十一五"规划;其次,受益于人民币升值,其资本、人力、产品价值都会因此得到提升;再次,重大题材带来投资机会;最后,实质性资产重组。

（4）综合评估这几个方面，把同类型、同行业的公司加以仔细分析，货比三家，最后在一个合理的价位做出投资决策。

## 发掘高成长性的股票

在投资过程中，投资者要重视具有高成长性的股票。成长股并不是一成不变的，投资者要根据实际情况更换成长股。

1994年巴菲特在致股东信里写道："如果你拥有的是企业中的'天然钻石'，无论股票价格如何波动，无论波动的幅度多大，无论经济景气的循环如何上上下下，长期而言，这类优良企业的价值必定会继续以稳定的速度成长。"

巴菲特认为，投资者在选择股票投资时，一定要尽量发掘具有高成长性的股票。一般来说，高成长性的公司盈利迅速增长，扩张性极强。投资于这类股票往往可以将你的选股风险化为无形，保证投资者获得超额的利润。

美国的"成长投资理论之父"费舍特别崇尚成长股，在他的代表作《怎样选择成长股》中，费舍开宗明义地指出："投资者不论出于何种原因，通过什么方法，当他购买股票时，目标只有一个，寻找成长股。"按照他的解释，假如你用800万美元买下市场价值为1000万美元的公司股票，如果你以当时的市场价格出售，那么，你将获利丰厚。但是，如果公司的经营状况很差，并且你在10年后才出售，那么，你的收益可能在平均水平以下。他说："时间是优秀公司最好的朋友，是平庸公司的敌人。"除非你能帮助清算这个效益很差的公司并从公司的市场价值和购买价格的差价中获利，否则，你的收益将和这家业绩很差的公司一样悲惨。所以，投资者在选股时应研究上市公司的成长性，做到去伪存真，去粗取精，牢记成长是"金"。

一般来说，具有高成长性的企业，通常具有以下3个方面的特点：

1. 公司的产品或所提供的服务具有广阔的发展前景

任何一个行业都有一个从成长到衰退的过程，必须抓住当前正处于成长性的行业。进入21世纪，国内的生物工程、电子仪器以及有关高科技产业均属于成长性行业。政府的扶持会使某个行业和地域的企业快速成长。国家扶持企业的措施有多种，如各项税收、物价、银行信贷的优惠政策，赋予直接融资功能、优良资产的注入等。

2. 公司有值得投资的利润回报率

从投资者的立场来看，销售只有在增加利润时，才有投资价值。如果一个公司多年的销售增长没有带来相应的利润增长，那么该公司就不是最佳的投资对象。考察利润的第一步是分析测算公司的利润率。投资者可以测算每1元钱的销售能够实现多少经营利润。进行这样的测算，必须以连续多年的数据为基础，不能只考察一个年度。一般而言，那些多年来利润较高的公司其利润总额也较大，他们所在的行业总体上是业绩相当突出，呈现出繁荣景象。低成本运营的公司，在景气年头，利润率也有所增加，但幅度不是很大。

3. 企业在新基础上运营，原料市场和产品市场无重大变故

新项目运营的提前发现，可以使投资者及时发现企业的利润增长点，进而使股票投资在较短的时间内获得较大的收益。国内高科技新项目的投产使其利润大增就是明显的例子。原料市场的变化使轮胎得以降低单位产品原材料成本，经济效益大幅度提高。而产品市场的变动给企业成长带来的推动作用更是不可低估。比如铜、铝、锌等资源性产品一旦在全球范围短缺，企业的利润就会直线上升。中国加入世界贸易组织会促进我国产业优势明显的纺织业、轻工业企业的发展，同时给金融、外贸、港口、仓储业带来难得的机遇。

**成长股的盈利估计**

投资者想要获得丰厚的回报，就应该对企业的盈利水平进行理性分析，不要把自己对这个行业的喜好或者厌恶夹杂在分析过程中。只有理性的评估，投资者才能得到企业真实的内在价值，才能够找到最佳的投资机会。

1995年巴菲特在致股东信里写道："这实在是天价,不过它让我们可以100%拥有一家深具成长潜力的企业,且其竞争优势从1951年到现在一直都保持不变。"

巴菲特认为,投资者在购买股票时,一定要对企业的盈利水平进行评估。只有正确评估企业未来的盈利水平,才能够确定股票的内在价值是多少。只有了解股票的内在价值,投资者才可以确定在什么时候购买股票才是划算的。

公司股票的内在价值实质上就是公司未来5年或者10年内的利润通过一定的利率折现后得到的数额。虽然说起来很简单,但实际操作起来非常困难。因为公司的盈利水平通常会受到很多因素的影响,所以几乎没有人可以准确预测出公司未来5年或者10年的盈利水平。巴菲特认为,正因为未来充满无限不确定性,为了降低投资的风险,投资者最好选择那些具有稳定性发展的公司。

巴菲特认为,在评估公司的内在价值时,稳定性是一个非常重要的因素。如果一家公司的历史经营业绩很不稳定,那么它未来的发展也可能会很不稳定。如果公司未来的经营业绩不稳定,那么投资的风险就会很高,它的价值就不如目前可预测到的盈利那么高。巴菲特在选择投资公司时,通常会选择那些具有稳定性发展的公司,像美国运通公司、华盛顿邮报、吉列、可口可乐等。这些公司在其发展的历程中大多数年头里都表现出了非常稳定的盈利增长,巴菲特可以对它们的未来做出迅速合理的预测,所以巴菲特才选择投资这些公司。事实证明,巴菲特的投资眼光是没错的。在巴菲特的投资生涯中,这些具有稳定性的公司为巴菲特赚取了丰厚的利润。

有些股票分析家认为,高科技产业是一种创新,应该被给予较高的待遇。但巴菲特认为,人们对行业的期待没有任何价值。无论是什么产业,评估的标准都应该是统一的。所有的资产都应当被同样地估价,从饮料制造商到手机生产商,在评估时都应该被统一对待。无论什么产业最终都只有通过把销售转化为盈利以及盈利增长率来判断。高科技产业也应该用和其他行业的标准来定价。所有企业的内在价值都应该取决于企业未来预期收益的折现值,而不应该根据人们对行业的期待来高估或低估企业的价值。

巴菲特认为,股票的安全边际是非常重要的。因为投资者投资的目标就是通过低于内在价值的价格购买股票从中获利,所以投资者一定要认真分析股票的安全边际。此外,一旦发现了一家符合标准的公司,投资者就应当购买尽可能多的股票,然后长期持有,慢慢等待丰厚的回报。当然在这期间,你要有足够的定力,抵制外界一切使你背离原则的诱惑。

## 第三节 挑选经营业务容易了解的公司股票

**业务是企业发展的根本**

企业要发展,业务是根本。具有发展前景的业务是企业的饮水之源。投资者进行投资时,一定要首先观察企业的业务,然后再考虑其他因素。

巴菲特在1989年致股东的信里说:"从这里我们又学到了一个教训:只有优秀的马搭配技术高超的骑士才能取得好成绩。如果马不好,再厉害的骑士也没有办法。像伯克希尔纺织公司也是才能兼备的人在管理,但很不幸的是他们面临的是流沙般的困境。如果将这些人放在资质更好一些的公司,我相信他们应该会有更好的表现。"

巴菲特认为,判断一家公司是否优秀,首先要分析的就是公司的业务。只有拥有好的业务,公司才能够有更好的发展。

很多人觉得公司中最重要的就是管理层。他们觉得一家公司只要拥有足够优秀的管理层,就可以转亏为盈,好上加好。以前巴菲特也这么觉得,后来经过伯克希尔纺织公司的教训后,巴菲特开始意识到一家公司最重要的是业务。业务就像赛马场里的马,管理层就像赛马场的骑士。如果想要在赛马场上赢得比赛，先决条件是必须有一匹好马。优秀的马配上技术高超的骑士，能够取得非常优秀的成绩；优秀的马配上技术一般的骑士，也能够取得比较不错的成绩；如果没有一匹好马，再优秀的骑士也无法发挥他们的本领，就像巧妇难为无米之炊一样，最终的结果只可能是成绩不好，而且还坏了骑士的好名声。

巴菲特生平投资的第一个错误就是买下伯克希尔纺织厂。而巴菲特犯错误的主要原因就是当时巴菲特没有把公司的业务看得很重要。其实当时巴菲特已经觉得纺织业是个高度竞争的行业。即便改进机器会促使商品生产率大幅提升，但好处只会落在客户身上，而厂家捞不到一点好处。在经济繁盛的时期，纺织业只能赚取微薄的利润。而在经济衰退期，纺织业就只能够赔钱。虽然巴菲特也任命了非常出色的管理层，可还是无法扭转乾坤。最终因为长期亏损，巴菲特不得已关闭了伯克希尔纺织厂。巴菲特后来这么描述他对伯克希尔纺织厂的投资："首先我所犯的第一个错误，当然就是买下 Berk shire Hathaway 纺织的控制权，虽然我很清楚纺织这个产业没什么前景，却因为它的价格实在很便宜而受其所引诱。"

巴菲特收购斯科特公司也说明了业务的重要性。1986年，伯克希尔公司收购斯科特公司时，该公司拥有22个不同的业务，主要业务是世界百科全书、寇比吸尘器和空气压缩机，当时账面价值为1.726亿美元。伯克希尔公司花费了3.152亿美元收购了该公司。也就是说伯克希尔公司用1.426亿美元的溢价购买了斯科特的业务价值。后来的事实证明巴菲特的眼光没有错。被伯克希尔收购后，斯科特公司的经营业绩越来越好，原来就很高的股东权益报酬率又有了新的突破，让伯克希尔公司赚取了丰厚的回报。巴菲特后来非常自豪地说，通过支付这些溢价能够收购到一家业务简单易懂、发展前景良好的公司是非常值得的。

## 不要超越自己的能力圈边界

既然连"股神"巴菲特都无法精通所有行业，那么我们普通投资者也不必为了自己无法了解所有行业而沮丧。只要我们坚持只在我们的能力圈范围内投资，我们的投资风险就会更小，获得丰厚回报的可能性就更大。

巴菲特1996年在给股东的信里说："投资者真正需要的是有正确评估所投资企业的能力，并不需要成为每个行业都懂的专家。投资者只需在你自己的能力圈范围内正确评估几只股票就够了。每个人的能力圈有大有小，但大小并不重要，重要的是知道自己的能力圈边界在哪里。"

由于每个人的生活经验和知识能力有限，所以谁也不可能成为每个行业都知晓、每个行业都精通的专家。有些人觉得因为自己不了解所有行业才投资失败，但巴菲特觉得，是否了解所有行业的发展状况并不那么重要，关键在于你要在自己熟悉的能力圈内投资。只要你的投资范围不超越自己的能力圈边界，那么懂不懂其他行业的知识对你的投资一点都没有影响。其实投资者要做的很简单：首先了解自己熟悉哪些行业，确定自己的能力圈范围有多大，然后在能力圈的边界内寻找具有投资价值的企业，在合适时机买入。

**业务内容首先要简单易懂**

经营业务越简单的企业，越可能具有持续竞争优势。在选择投资企业时，投资者最好先从那些业务简单易懂的企业下手。

1996年巴菲特在致股东的信里写道："作为一名投资者，我们要做的事情很简单，就是以合理的价格买进一些业务简单易懂又能够在5~10年内持续发展的公司股票。经过一段时间，我们就会发现能够符合这样标准的公司并不多。所以一旦你真的碰到这样的公司，那就尽自己所能买最多份额的股票。当然在这期间，你要尽可能避免自己受到外界诱惑而放弃这个准则。如果你不打算持有一家公司股票10年以上，那就最好连10分钟都不要拥有它。当你慢慢找到这种盈余总能积累的投资组合后，你就会发现其市值也会跟着稳定增加。"

巴菲特认为，越是具有持续竞争优势的企业，其经营业务通常都越简单易懂。投资者在选择投资的企业时,最好选择业务简单易懂的企业。他认为,投资者成功与否,与他是否真正了解这项投资的程度成正比。这一观点是区分企业导向和股市导向这两类投资人的一个重要特征。后者仅仅是购买了股票,打一枪换一个地方而已。

巴菲特之所以能够保持对所投资的企业有较高程度的了解,是因为他有意识地把自己的选择限制在他自己的理解力能够达到的范围。巴菲特忠告投资者:"一定要在你自己能力允许的范围内投资。"

有人认为,巴菲特给自己设置的这些限制,使他无法投资于那些收益潜力巨大的产业,比如高科技企业。也有很多人会觉得纳闷,简单易懂的业务,人人都能做,怎么还能够产生高额利润呢?在巴菲特看来,非凡的经营业绩,几乎都是通过平凡的事情来获得的,重点是企业如何能够把这些平凡的事情处理得异乎寻常地出色。通俗地说,就是在平凡的事情中实现伟大的成就。像这些优秀的企业,它们几十年来只专注于某一领域,自然就有更多的时间和资金来改善生产技术、服务、生产设备等,它们的产品自然也会变得更加优秀。而且,它们的产品年代越久,就有越多的人了解它们,它们的品牌效应就会越明显。

业务简单易懂是巴菲特对投资企业的要求之一。在巴菲特的投资生涯中,大多都是业务简单易懂又极具持续竞争优势的企业。像可口可乐公司就是一个典型的例子。可口可乐公司的业务非常简单:可口可乐公司采购原料后,制成浓缩液,然后卖给装瓶商。装瓶商再把这种浓缩液和其他成分配合在一起,制成可口可乐饮料卖给零售商。就是这么简单的业务,让可口可乐公司每年赚取了巨额利润。就连遭遇金融危机的2008年,可口可乐公司都获得了高达58.1亿美元的利润。

## 过于复杂的业务内容只会加重你的风险

如果企业经营的业务过于复杂,企业运营的风险就比较大。而且过于复杂的业务,投资者也不太容易搞明白,所以投资者尽量远离那些经营业务复杂的企业为好。

2008年巴菲特在致股东的信里说:"像担保债务凭证这种过于复杂的金融衍生产品,是造成这次金融危机的原因之一。我和芒格曾经说过,这些金融机构将商业操作弄得太复杂了,使得政府监管者和会计准则都无法阻止这些金融机构冒这么大的风险。这种缺乏控制的行为,已经造成了惨重后果,例如贝尔斯登的倒闭,而且很有可能带给金融业更多损失。"

巴菲特认为,企业经营的业务越简单易懂越好,太过复杂的业务容易造成不可预测的风险。

2008年金融危机给全球的金融机构造成了高达3000多亿美元的损失。但巴菲特认为,这样的损失很大程度上也要归咎于金融机构本身。在过去的时间里金融机构发行了很多过于复杂的金融衍生产品。像担保债务凭证这个产品,投资者如果想弄明白其业务内容,就至少需要阅读75万字的报告。这样这些复杂的产品大大增加了金融机构的风险系数。但是由于它们过于复杂,使得政府监管者和会计准则无法监控到这些风险性,才导致了金融危机的全面爆发。

巴菲特说,在伯克希尔公司里,是绝对不允许发生这种事情的。为了避免风险,巴菲特在选择投资企业时,都不会选择特别复杂的业务。巴菲特说,他曾经读过一份金融公司的业务报告。这份报告主要是向政府部门和普通投资者介绍这家金融机构的操作过程,但这份报告多达270页。巴菲特一边阅读,一边把自己认为有疑问的地方列在空白纸上。等看完最后一页,巴菲特发现他竟然列了25页问题。最后他实在失去了耐心,把笔一扔,决定再也不投资这个股票了。巴菲特之所以不碰高科技,也是因为他觉得高科技太复杂了,投资风险太大了。

巴菲特认为,如果某项业务的不确定因素很多,那么该项业务的投资成功率就会很低。如果某项业务只有1个不确定性因素,而这个因素的成功概率高达80%,那么这项业务的投资成功率就是80%;如果这项业务有两个不确定性因素,而每个因素的成功概率都是80%,那么这项业务的投资成功率就是

64%；以此类推，不确定性因素越多，这项业务的投资成功率就越低。巴菲特觉得，如果某项业务的投资成功率很低，即使该业务有再高的投资回报率，他也不会进行投资的。

1998年伯克希尔公司打算投资一个锌金属回收项目，项目内容就是将地热发电产生的卤水中的锌提取出来进行回收利用。本来这是巴菲特非常看好的一个项目，利润率很高，项目内容也简单。可是在真正实行的过程中，问题层出不穷，总是一个问题接着另一个问题出现。常常刚解决完这个问题，又有一个新问题跑出来。这令巴菲特非常不满。经过全面的衡量利弊，最终巴菲特觉得投资成功率太低，放弃了这个很赚钱的项目。

## 你要能了解它的新型业务

一项新型业务，可能是有前途的业务，也有可能是没前途的业务。如果碰到从事新型业务的企业，投资者要在认真了解该新型业务的基础上再决定是否投资。

巴菲特在1998年写给股东的信里说道："在这个产业占据主导地位是一件非常重要的事情。我们遍布全美的机队可以使我们的客户受惠无穷。我们能够提供其他公司无法提供的服务，所以我们也能够大幅度降低飞机停在地面的时间。我们还有一个让客户无法抵抗的诱惑，那就是我们提供的飞机种类非常多，有波音、湾流、Falcon、Cessna和雷神。而我们那两个竞争对手却只能提供自己生产的飞机。通俗地说，Netjets公司就像一位治病的医生，能够根据病人的情况对症下药。而其他两个对手就像卖祖传膏药的江湖郎中，无论病人是什么病况，开的药都是那一贴膏药。"

如果一个企业经营的是过去从来没有过的新型业务，投资者也要认真地去了解它，根据它的价值来判断是否值得投资，而不是根据自己的猜测直接肯定或否定这项投资。

# 第六章 巴菲特教你如何防范风险

## 第一节 巴菲特规避风险的 6 项法则

**面对股市,不要想着一夜暴富**

对于投资者而言,"避免风险,保住本金"这 8 个字,说说容易,做起来却不容易。股市有风险,似乎人人皆知,但是,当人们沉醉在大笔赚钱的喜悦之中时,头脑往往会发热,就很容易把"风险"两字丢到一边。世界上"没有只涨不跌的市场,也没有只赚不赔的投资产品"。在成熟度不高,监管不规范,信息不对称,经常暴涨暴跌的中国股票市场,不顾一切,盲目投资无疑是危险行为。

巴菲特说:"成功的秘诀有 3 条:第一,尽量规避风险,保住本金;第二,尽量规避风险,保住本金;第三,坚决牢记第一、第二条。"

实际上,巴菲特这 3 条秘诀总结起来就是 8 个字:避免风险,保住本金。巴菲特的名言是他投资股市的经验总结。他从 1956 年到 2004 年的 48 年中,股市的年均收益率也只有 26%。由此可见,他的巨额家产也不是一夜暴富得来的。

以中国股市来说,自从 2006 年股市一路高歌以来,大众亢奋和"羊群效应"越发明显。越来越多的人认为,股市成了一只"金饭碗",只要投钱进去,"金饭碗"里就能源源不断地生出钱来。左邻右舍相继入市,农民开始炒股,和尚开始操盘,即使平日最保守、最沉着的人也摇摇晃晃地入市了。有人卖房、有人贷款、有人辞职,证券营业部人满为患,系统不堪重负,上班族人心浮动……恐怕没有人不承认,现在的股市泡沫已经令人担忧。可既然大家都知股市泡沫重,为何还如此疯狂?显然,面对股市,我们已经不仅从投资跃入了投机,而且从投机跃入了赌博!

中国股市,从一定角度讲还是一个资金市,源源不断的资金进入,才是行情不断高涨的根本原因。在股市的狂热下,炒股者多会觉得总有后来者,就像掉进传销网络的人,总认为还有大量的下线等着送钱进来。可历史早就证明,没有哪一波大牛市不是以套牢一大批投资者作为最后"祭品"的,这一点,炒股者也"理性"地清楚。前方是巨大的利益引诱,后面是怕成"祭品"的担忧,使贪婪与恐惧这两种人性弱点最充分地体现在了炒股者身上。

中国证监会于2007年5月11日发出通知,要求加强对投资者的教育,防范市场风险。并且特别要求、"告诫"那些抵押房产炒股、拿养老钱炒股的投资者,千万理解并始终牢记:切勿拿关系身家性命的生活必需和必备资金进行冒险投资。可谓良药苦口,正当其时。

**遇风险不可测则速退不犹豫**

2005年巴菲特在致股东的信里说:"为了满足保险客户的需求,在1990年通用再保险设立衍生交易部门,但在2005年我们平仓的合约中有一个期限竟然是100年。很难想象这样的一个合约能够满足哪方面的需求,除非是可能只关心其补偿的一个交易商在他的交易登记簿中有一个长期合约需要对冲的需求。

"设想一下,假如一个或者是更多家企业(麻烦总会迅速扩散)拥有数倍于我们的头寸,想要在一个混乱的市场中进行平仓,并且面临着巨大的广为人知的压力,情况会变成怎样?在这种情形下应该充分关注事前而不是事后。应该是在卡特里娜飓风来临之前,考虑且提高撤离新奥尔良的最佳时机。

"当我们最终将通用再保险的证券交易部门关门大吉之后,对于它的离开我的感觉就像一首乡村歌曲中所写的那样:'我的老婆与我最好的朋友跑了，我想念更多的是我的朋友而不是我的老婆。'"

上面这段话是巴菲特在2005年将通用再保险的平仓合约持后的一段话，可以说巴菲特这项投资是很失败的，他的经验教训就是一旦该项投资遇到不可测的风险时，绝不要恋战。

2004年3月，美国国际集团承认公司对一些账目处理不当，伯克希尔—哈撒韦下属的通用再保险公司曾经与其合作过一笔"不符合规定"的再保险交易，这笔业务应该属于贷款而非保险交易。

通用再保险公司自从1998年被收购以后就一直风波不断，1998年与同属伯克希尔—哈撒韦的国家火险公司为FAI保险公司出售再保险产品，经商定后达成秘密协议：FAI公司在3年内不得寻求保险赔偿。这项规定在很大程度上弱化了该产品转移风险的功能，摇身一变成了短期贷款。FAI公司不久被澳大利亚第二大保险商HIH公司收购，因FAI公司的资产负债表被人为美化，HIH公司利润也随之虚增。澳大利亚监管部门调查后决定，自2004年10月开始禁止通用再保险公司的6位主管在澳大利亚从事保险业活动。澳大利亚监管部门还发现，违规操作的再保险产品来自于通用再保险公司位于爱尔兰首都都柏林的一个团队，而爱尔兰金融服务管理局也开始对通用再保险公司在爱尔兰的经营活动展开调查。

2004年3月，该公司公布的盈利报告显示去年净利润下降10%，由2003年的近82亿美元减至73亿美元。相比美国股市的总体表现，巴菲特在股市上的投资业绩最近几年出现了明显下滑。以标准普尔500指数为例，该指数成分股在2003年和2004年的平均账面净值增长率分别达到28.7%和10.9%，均超过了巴菲特的伯克希尔—哈撒韦公司。与股市投资不景气相对应的是，伯克希尔—哈撒韦公司的现金大量闲置，截止2003年12月，公司的现金存量由2003年的360亿美元升至430亿美元。2003年，伯克希尔决定让通用再保险退出酝酿巨大风险的衍生品业务，当时它有23218份未平仓合约。2005年初下降为2890

份，2005年底平仓合约减至741份，此举在当年让伯克希尔付出了1.04亿美元的代价。

对于普通的投资者而言，也许在你的投资道路上总会遇到不可测的风险，在这种时候大多数投资者似乎都会抱着一丝希望，但是正是这种渺茫的希望让他们陷得更深。事实上，在这种时候正确的做法就是，无论暂时的斩仓痛苦有多大，坚决退出。如果巴菲特当时不退出，2008年的"次贷危机"爆发后，他也许就退不了了。

**特别优先股保护**

特别优先股可以给投资者特别的保护，巴菲特在"次贷危机"中，仍然敢于买进通用电气和高盛的股票。这两支股票同样都是特别优先股，这类股票拥有股价上的安全边际，能够合理地利用自己的话语权去建立技术性的安全边际也是一项厉害的投资技术。

1996年巴菲特在致股东的信中写道："当维京亚特兰大航空公司的老板理查德·布兰森，被问到要怎么样才能变成一个百万富翁的时候，他的回答是：'其实也没有什么，你首先需要变成一个亿万富翁，然后再去购买一家航空公司就可以了。'"

在1989年的时候巴菲特以3.58亿美元的价格买了年利率为9.25%的特别股。那时候，他非常喜欢美国航空的总裁埃德·科洛德尼，直到现在仍然没有改变。但是，现在，巴菲特觉得他对于美国航空业的分析研究实在是过于肤浅并且错误百出，他被该公司历年来的获利能力所蒙骗，并且过于相信特别股提供给债券上的保护，以导致他们忽略了最为关键的一点，美国航空公司的营业收入受到了毫无节制的激烈价格战后大幅下降，同时该公司的成本结构却仍然停留在从前管制时代的高档价位上。

从巴菲特上面的这项投资中，能够看出巴特特在当初的投资时买的是特别优先股，那就意味着公司每年要付给伯克希尔9.25%的利息，加之还有一项"惩罚股息"的特别条款，这就意味着如果该公司要延迟支付股息的话，除了需要支付原有欠款外，同时还必须支付5%利率的利息。这就导致了在1994年和1995年伯克希尔都没有收到股息，所以，在此之后美国航空就不得不支付13.25%和14%的利息。在1996年下半年美国航空公司开始转亏为盈的时候，它们果真开始清偿合计4790万美元的欠款。

所谓的优先股是相对于普通股而言的，主要指在利润分红及剩余财产分配的权利方面，优先于普通股。在公司分配盈利时，拥有优先股票的股东比持有普通股票的股东分配在先，而且享受固定数额的股息，即优先股的股息率都是固定的，普通股的红利却不固定，视公司盈利情况而定，利多多分，利少少分，无利不分，上不封顶，下不保底。

以巴菲特2008年50亿美元买入的高盛优先股为例来说明，优先股和债券一样，享有固定的红利（利息）收益，高盛给巴菲特的是10%。意味着，每年高盛要支付5亿美元的固定红利，当然如果以后高盛的分红率更高，巴菲特也只能拿10%，但这已经大大高于国债利率了。除了安全，巴菲特没有放弃可能的暴利机会，同时获得了一个认股权证，5年内可以以每股115美元的价格，认购50亿美元额度之内的高盛股票，当然现在高盛的股价已经大大低于115美元，但是只要5年内高盛股价高过这个价格，巴菲特还可以从认股权中获得超额利润。

由于巴菲特选择的是永久性优先股，意味着不能转成普通股，但是只要不被赎回，就可以永远拿10%的股息。当然，巴菲特也并非绝对安全，如果高盛真的破产的话，他的权利也无法兑现。但是优先股的股东可先于普通股股东分取公司的剩余资产。

**等待最佳投资机会**

投资是"马拉松竞赛"而非"百米冲刺"，比的是耐力而不是爆发力。对于短期无法预测，长期具有高报酬率的投资，最安全的投资策略是：先投资，等待机会再投资。投资人应记住的是，在下降通道中参与投资，风险无形中放大了好多倍，成功率大大降低，所以，请耐心等待重大投资机会的到来。

巴菲特说："许多投资人的成绩不好，是因为他们像打棒球一样，常常在位置不好的时候挥棒。"

巴菲特说，在他的投资生涯中，曾经有至少三次的经验，看到市场有太多的资金流窜，想要用这一大笔资金从事合理的活动似乎是不可能的事情。然而，4年过后，却看到"我一生中最好的投资机会"。

其中一次是发生在1969年，也就是巴菲特结束他首次的投资合伙事业的时候，这个过程值得巴菲特迷们好好去研究，因为对很多中国的巴菲特迷来说，如何挖到第一桶金很重要，目前巴菲特管理几百亿美元的经验，对想获得第一桶金的投资人来说，并没有太大的意义。然后在1998年，当长期资本管理公司这家避险基金公司出现问题的时候，投资界突然出现了绝佳的投资机会。

托伊·科布曾说过："威廉姆斯等球时间比别人都多，是因为他要等待一个完美的击球机会。这个近乎苛刻的原则可以解释，为什么威廉姆斯取得了在过去70年里无人能取得的佳绩。"巴菲特对威廉姆斯敬佩有加，在好几个场合，他与伯克希尔的股民分享威廉姆斯的近乎苛刻的原则。在《击球的科学》一书中威廉姆斯解释了他的击球技巧。他将棒球场的击球区划分成77块小格子，每块格子只有棒球那么大。巴菲特说："现在，当球落在最佳方格里时，挥棒击球，威廉姆斯知道，这将使他击出最好的成绩；当球落在最差方格里时，即击球区的外部低位角落时，挥棒击球只能使他击出较差的成绩。"

威廉姆斯的打击策略如运用到投资上显然极为恰当。巴菲特认为，投资就像面对一系列棒球击球那样，想要有较好的成绩，就必须等待投资标的的最佳机会到来。许多投资人的成绩不好，是因为常常在球位不好的时候挥棒击球。也许投资人并非不能认清一个好球（一家好公司），可事实上就是忍不住乱挥棒才是造成成绩差的主要原因。

第六章 巴菲特教你如何防范风险

那么，我们怎样才能克服这种毛病呢？巴菲特建议投资人要想象自己握着一张只能使用20格的"终身投资决策卡"，规定你的一生只能做20次投资抉择，每次挥棒后此卡就被剪掉一格，剩下的投资机会也就越来越少，如此，你才可能慎选每一次的投资时机。对又低又偏外角的球尽量不要挥棒，威廉姆斯就是宁愿冒着被三振出局的风险去等待最佳打点时机的到来。投资者是否能从威廉姆斯的等待最佳打点时机中获得启迪呢？巴菲特说："与威廉姆斯不同，我们不会因放弃落在击球区以外的3个坏球而被淘汰出局。"

## 运用安全边际实现买价零风险

理性投资者是没有理由抱怨股市的反常的，因为其反常中蕴含着机会和最终利润。从根本上讲，价格波动对真正的投资者只有一个重要的意义：当价格大幅下跌后，提供给投资者低价买入的机会；当价格大幅上涨后，提供给投资者高价卖出的机会……测试其证券价格过低还是过高的最基本的方法是，拿其价格和其所属企业整体的价值进行比较。

巴菲特说："……我们强调在我们的买入价格上留有安全边际。如果我们计算出一只普通股的价值仅仅略高于它的价格，那么我们不会对买入产生兴趣。我们相信这种'安全边际'原则——本·格雷厄姆尤其强调这一点——是成功的基石。"

上面的这段话不仅揭示出了安全边际的实质内涵，即股票的内在价值和股票的市场价格之间的差距。而且强调了在分析股票价值时运用"安全边际"可以帮我们真正实现买价零风险。

"安全边际"是价值投资的核心。尽管公司股票的市场价格涨落不定，但许多公司具有相对稳定的内在价值。高明的投资者能够精确合理地衡量这一内在价值。股票的内在价值与当前交易价格通常是不相等的。基于"安全边际"的价值投资策略是指投资者通过公司的内在价值的估算，比较其内在价值与公司股票价格之间的差价，当两者之间的差价（即安全边际）达到某一程度时就可选择该公司股票进行投资。

美国运通银行属于全球历史悠久、实力强大的银行之一。它在1981年的时候开始推出旅行支票，它可以解决人们旅行时带大量现金的不便。在1958年它又推出了信用卡业务，开始引导了一场信用卡取代现金的革命。截止1963年，美国运通卡已经发行1000多万张，这家银行当时在美国的地位就像中国工商银行在中国的地位一样强大。但美国运通后来出现了问题。联合公司是一家很大的公司，运用据称是色拉油的货物仓库存单作为抵押，从美国运通进行贷款。但是当联合公司宣布破产后，清算时债权人想从美国运通收回这笔抵押的货物资产。美国运通在1963年11月的调查时发现，这批油罐是色拉油海水的混合物，由于这次重大诈骗，使美国运通的损失估计高达1.5亿美元。如果债权人索赔的话，可能会导致美国运通资不抵债。这个消息导致华尔街一窝蜂地疯狂抛售美国运通的股票。1964年年初，在短短一个多月，美国运通的股票价格就从60美元大跌到35美元，跌幅高达40%。

在这期间巴菲特专门走访了奥马哈的餐馆、银行、旅行社、超级市场和药店，但是他发现人们结账时仍旧用美国运通的旅行支票和信用卡。他得出的结论是这场丑闻不会打垮美国运通公司，它的旅行支票和信用卡仍然在全世界通行。巴菲特认为，它这次遭遇巨额诈骗，只是一次暂时性损失而已，从长期来看，任何因素都不可能动摇美国运通的市场优势地位。1964年，巴菲特决定大笔买入，他将自己管理的40%的资金全部买入美国运通公司的股票。不久诈骗犯被抓住并被起诉，美国运通与联合公司达成和解，双方继续正常经营。在后来的两年时间里美国运通的股价上涨了3倍，在后来的5年的时间里股价上涨了5倍。

## 巴菲特神奇的"15%法则"

毫无疑问，如果投资者以正确的价格来购买正确的股票，获得15%的年复合收益率是可能的。相反，如果你购买了业绩很好的股票却获得较差的收益率也是很可能的，因为你选择了错误的价格。大多数投资者没有意识到价格和收益是相关联的：价格越高，潜在的收益率就越低，反之亦然。

1989年巴菲特在给股东的信里写道："我们还面临另一项挑战：在有限的世界里，任何高成长的事物终将自我毁灭，若是成长的基础相对较小，则这项定律偶尔会被暂时打破，但是当基础膨胀到一定程度时，好戏就会结束，高成长终有一天会被自己所束缚。"

上面这段话表示了巴菲特在有限世界里的理性，他是不会相信无限增长的。从20世纪70年代就开始写"致股东函"，每隔两三年他都会非常诚恳地表示动辄20%~30%的增长都是不可能长期持续的。巴菲特在购买一家公司的股票之前，他要确保这只股票在长期内至少获得15%的年复合收益率。为了确定一只股票能否给他带来15%的年复合收益率，巴菲特尽可能地来估计这只股票在10年后将在何种价位交易，并且在测算公司的盈利增长率和平均市盈率的基础上，与目前的现价进行比较。如果将来的价格加上可预期的红利，不能实现15%的年复合收益率，巴菲特就倾向于放弃它。

例如在2000年4月，你能够以每股89美元的价格购买可口可乐的股票，并假设你的投资长期能够获得不低于15%的年复合收益率。那么，当10年之后，可口可乐的股票大致可以卖到每股337美元的价格，才能使你达到预期目标。关键是假如你决定以每股89美元的价格购买，那么你就要确定可口可乐的股票能否给你带来15%的年复合收益率。这需要你衡量四项指标：其一，可口可乐的现行每股收益水平；其二，可口可乐的利润增长率；其三，可口可乐股票交易的平均市盈率；其四，公司的红利分派率。只要你掌握了这些数据，你就可以计算出这家公司股票的潜在收益率。仍然以可口可乐为例，可口可乐股票的成交价为89美元，连续12个月的每股收益为1.30美元，分析师们正在预期收益水平将会有一个14.5%的年增长率，再假定一个40%的红利分派率。如果可口可乐能够实现预期的收益增长，截止2009年每股收益将为5.03美元。如果用可口可乐的平均市盈率22乘以5.03美元就能够得到一个可能的股票价格，即每股110.77美元，加上预期11.80美元的红利，最后你就可以获得122.57美元的总收益。数据具有很强大的可信度，10年后可口可乐股票，必须达到每股337美元（不包括红利）才能够产生一个15%的年复合收益率。然而数据显示，那时可口可乐的价位每股110.77美元，再加上11.8美元的预期红利，总收益为每股122.57美元，这就意味着将会有3.3%的年复合收益率。如果要达到15%的年复合收益率，可口可乐目前的价格只能达到每股30.30美元，而不是1998年中期的89美元。所以巴菲特不肯把赌注下在可口可乐股票上，即使在1999年和2000年早期可口可乐股票一直在下跌。

## 第二节 巴菲特提醒你的投资误区

### 警惕投资多元化陷阱

对于普通投资者而言，经常出现与巴菲特截然相反的景象：用区区数十万甚至数万元的资金，却分散到了十几二十家公司的股票，此外这些公司种类特别多，从高速公路到白酒，从房地产到化工……但是，真正了解这些公司的投资者又有几个呢？投资者很容易陷入多元化的陷阱，没能分散掉风险，反而造成了资金的损失。

1998年巴菲特在佛罗里达大学商学院演讲时说："假如你认为值得去拥有部分美国股票，那就去买指数基金。那是你应该作出的选择，假如你想着对企业作出评估。一旦你决定进入对企业作评估的领域，就做好要花时间、花精力把事情做好的准备。我认为不管从什么角度来说，投资多元化都是犯了大错。

"假如做到真正懂生意，你懂的生意可能不会超过6个。假如你真的懂6个生意，那就是你所需要的所有多元化，我保证你会因此而赚大钱。如果，你决定把钱放在第7个生意上，而不是去投资最好的生意，那肯定是个错误的决定。因为第7个好的生意而赚钱的概率是很小的，但是因为最棒的生意而发财的概率却很大。我认为，对任何一个拥有常规资金量的人而言，如果他们真的懂得所投的生意，6个已经绰绰有余了。"

巴菲特素来都是反对"分散投资"的，他所推崇的投资理念就是："把鸡蛋放在一个篮子里，并看好这个篮子。"纵然，巴菲特的"篮子"十分庞大，已经不可能用个位数的股票数去装满他的篮子，但是他始终坚持长期持有，甚至宣称在他一生都不会卖出4家股票，当然后来他卖出了一家。

在1965年，巴菲特35岁的时候，收购了伯克希尔—哈撒韦的濒临破产的纺织企业，但是到了1994年底该公司已经发展成拥有230亿美元资产的投资王国，该公司由一家纺纱厂变成了巴菲特庞大的金融集团，发展到今天它继续成长为资产高达1350亿美元的"巨无霸"。从最后的分析来看，伯克希尔—哈撒韦公司的股票市值在30年间上涨了2000倍，而标准普尔500指数内的股票平均仅上涨了约50倍。

巴菲特为什么投资业绩这么突出，一个重要原因就是他从来不分散投资，根本不会随便乱七八糟地买一堆质地平平的股票。他只集中投资于少数好公司的股票。此外，巴菲特还把自己的投资精力用在作出少数重大投资决策上。

巴菲特说："在与商学院的学生交谈时，我总是说，当他们离开学校后可以做一张印有20个洞的卡片。每次做一项投资决策时，就在上面打一个洞。那些打洞较少的人将会更加富有。原因在于，如果你为大的想法而节省的话，你将永远不会打完所有20个洞。"

大多数人的公司价值分析能力很可能没有巴菲特那样杰出，所以我们集中投资组合中的股票数目不妨稍多一些，但10~20只股票也足够了。一定要记住巴菲特的忠告：越集中投资，业绩越好；越分散投资，业绩越差。

—155—

## 研究股票而不是主力动向

对于投资者而言，只要能够坚持自己的投资理念，由主力机构造成的市场波动，反而能够使真正的投资人获得更好的机会去贯彻实施他们明智的投资行动。投资者只要在股市波动的情况下，不要因为财务或者心理的作用下在不恰当的时机卖出，投资者的重点应当放在股票身上，而不是判断主力机构有没有进入该股票，接下来是不是会拉升该股票。

1987年巴菲特在致股东的信里写道："1987年的美国股市表现是相当令人满意的，可是到最后股指仍然没有上升多少，道琼斯工业指数在一年内上涨了2.3%。回顾这一年的情况来看，股票的指数就像过山车一样，在10月份之前是一路窜高的，之后就突然收敛下来。"

巴菲特分析这种情况说：市场之所以这么动荡，原因就在于市场上存在一些所谓的专业主力机构，他们掌握着数以万计的资金，然而这些主力机构的主要精力并不是去研究上市公司的下一步发展状况，而是把主要的精力用在研究同行下一步如何操作的动向上。

巴菲特说，有这么多的闲散资金掌握在主力机构的手中，股票市场不动荡是不可能的事，因此散户投资者常常抱怨说，自己一点机会都没有，因为市场完全由这些机构控制了，研究他们才是研究了市场的动向。但是巴菲特认为这种观点是相当错误的，因为不管你有多少资金，在股市面前都是平等的，反而市场越是波动的情况下，对于理性投资者来说就越是有利的，用巴菲特老朋友许洛斯的操作情况为例来说：早在50多年前，当时有一个圣路易斯家属希望巴菲特为他们推荐几位既诚实又能干的投资经理人，当时巴菲特给他们推荐的唯一人选就是许洛斯。

许洛斯没有接受过大学商学院的教育，甚至从来没有读过相关专业，但是从1956年到2006年间他却一直掌管着一个十分成功的投资合伙企业。他的投资原则就是一定要让投资合伙人赚到钱，否则自己不向他们收取一分钱。那么看一下许洛斯到底是怎么操作股票的呢？

许洛斯一直都不曾聘请秘书、会计或其他人员，他的仅有的一个员工就是他的儿子爱德文，一位大学艺术硕士。许洛斯和儿子从来不相信内幕消息，甚至连公开消息也很少关心，他完全采用在与本杰明·格雷厄姆共事时的一些统计方法，归纳起来就是简简单单的一句话："努力买便宜的股票。"因为按照他们的投资原则，现代投资组合理论、技术分析、总体经济学派及其他复杂的运算方法，这一切都是多余的。然而值得注意的是，在许洛斯长达47年的投资生涯中，他所选中的大多数都是冷门的股票，但是这些股票的业绩表现却大大超过了同期标准普尔500指数。

## "价值投资"的误区

价值投资知易行难，并非只是找到优秀企业难，做到长期持有难，更难的是对于企业价值及价值变动方向、变动速度、幅度等相对确定性评估与价格关系、股市自身规律等基础上建立的投资决策体系。对于投资者而言，你如果能清晰地知道你为何买、为何卖、为何持有、为何换股，背后都有足够清晰的理由，每一次操作都知道你将赚的是什么钱，那么你已经入了价值投资的门。

巴菲特在1985年致股东的信里写道："1985年在出售证券收益时金额达到4.88亿美元，这其中的大部分都源于我们出售通用食品的股票，从1980年开始我们就开始持有这些股票，我们买进这些股票是以远低于合理的每股企业价值的价格购买的，经过年复一年后，该公司的管理层大大提升了该公司的价值，一直到去年的秋天，当该公司提出购并的要求后，其整体的价值在一夕之间显现出来了。"

巴菲特解释价值的增长也是需要一个过程的，出售股票就像大学生的毕业典礼一样，经过4年所学的只是在一朝被正式的认可，但是实际上当天你可能还没有一点长进。巴菲特经常将一只股票持有长达10年之久,在这期间其价值在稳定增长,但是其全部的账面利益却都反应在出售的那一年。所以按照价值投资进行选择的时候并不是一朝一夕能够分辨得出来的。

1999年巴菲特拒绝投资市盈率过高的高科技股票,结果导致了他10年来最大的投资失误,其投资基金回报率远远低于股市指数的年平均增幅。什么时候该做趋势的朋友?什么时候该与大众为"敌"?这的确是个难题。我们经常看到媒体寻找价值被"严重低估"的股票,关于"低估"的标准,已经不再是"价格低于每股净资产"了。一个人必须对关于成长股价值的计算持怀疑的态度,而不可以完全相信。

投资者要避免步入价值投资的几大误区:

(1)价值投资就是长期持有。长期持有,其本身不是目的,长期持有是为了等待低估的价格回归价值,是为了等待企业价值成长,从而带动价格的上涨,这才是本。但如果股票价格当前就已远高于企业价值,即使是对于价值仍能不断成长的企业,继续持有也失去了意义,因为即使未来数年内企业通过成长,价值能达到或超越现在的价格,也无非是通过时间让价值去追赶上价格,而价格继续上涨已无任何确定性。相反,大多数的情形是股价会以大幅下跌的形式来直接找价值,因为股票出现严重高估往往是市场疯狂的牛市末期,市场的长期有效性就会发生作用,通过市场的自身调节来实现价值的回归,同时调节又往往是矫枉过正的,使市场进入低估的另一个市场无效状态。

(2)把买入优秀企业等同于价值投资,这是严重的本末倒置。企业价值成长是为了带动价格的成长,但如果价格已经透支了多年企业的成长,那么价值成长也很难为价格继续上涨创造正作用了;而优秀企业又仅是企业价值成长的一个保障而已,优秀企业也会有成长期和成熟期,不够优秀的企业也并非不能高速成长。

因此,买入优秀企业可能是价值投资,买入成长的不够优秀的企业也可能是价值投资,买入低估的不成长企业同样可能是价值投资。持有企业是价值投资,卖出企业也是价值投资。

买入同一个企业也有的是价值投资,有的不是价值投资,即使同时同价买入,又同时同价卖出的也有的是价值投资,有的不是,关键是买卖的动机和理由是什么。价值投资的本质在于你每次操作的理由是否基于企业价值、价格、确定性及安全边际的关系,而非操作本身。

**炒股切忌心浮气躁**

平常心是战胜心浮气躁以及其他一切的法宝,没有平常心去体悟生活中的一切,即便再成功、再伟大,但最后可能因为自己的贪婪而失败了。平常心就是指对一切都放下,无论发生什么都想得开。因为市场中没有什么是不可能发生的,而一切的发生又都是无序的、无常的。因此急不可耐地想要在市场中实现某个目标,是非常危险而又不切实际的想法。

1998年巴菲特在福罗里达大学商学院演讲时说:"我们是从来不去借钱的,即使有保险作为担保。即使在只有1美元的时候,我也不去借钱。借钱能够带来什么不同吗?我只需要凭借我自己的力量,也能够其乐无穷。1万美元、100万美元、1000万美元对于我来说都是一样的。当然,当我遇到类似紧急医疗事件的情况下会有些差别。"

说这话的时候,也许巴菲特正在羡慕着台下的那群大学生的青春。巴菲特对钱的态度决定了他的投资风格和结果。巴菲特这种平和的想法,正是成就了他的成功,可以试想一下,如果雷曼兄弟的高管不是那么疯狂地赌博,他们原本也可以在华尔街上风光无限,但是结果他们却成了那么不体面的乞丐。

有人说,一个人做事情要想成功,一定要果断;有人说,一个人做事情要想成功,缺少耐性是不行的;又有人说,要想成大功立大业,没有机会是不行的。虽然这些话用在平时的生活中非常启发人,但如果把这些观点移用到股市里,却不一定正确。固然炒股赚钱与否是由很多因素造成的,但最重要的不是这些因素,而是一个人的心态。能不能在股市中赚到钱改善自己的生活,是每一位散户投资者最关心的问题。但往往抱有此想法的人因为心浮气躁，最后成为离梦想最遥远的人，相反，有着一颗平常心的投资者则"无心插柳柳成荫"。

心浮气躁的投资者总是迫不及待地进场交易，既追高，又杀跌，最终在牛市中只是捡了芝麻，丢了西瓜，甚至可能落得个高吸低抛的下场。

股市的涨跌都非常正常，因为有涨才会有跌，而因为有跌才会有涨，如果你是一个以平常心对待股市的人，那么，股市的涨跌对你而言就是非常无常的，而投资者就一定会轻松视之，并不会因股市的波动起伏而心惊胆战。但如果你是一个本来就喜欢或者本来就不平静的人，那股市的涨跌对你而言一定会非同小可。因为你会密切注意到你的资金是否也随着股市的涨跌而增减，由于你过分专注你的个人资产的变化，你的心态一定就是不稳定的，而你一旦如此，你对股市行情的涨跌就会特别在意，并认为股市只有上涨你的心才是平静的，但遗憾的是，股市至今还在涨，可是，你会认为股市涨得太多了，而原本就"不平常的心"就更加不平常了，甚至你的心出现了"恐慌"或"恐高"，结果就在你把原本不应该抛的股票全部抛了，并自认为股市一定会大跌，股市不会以一去不回头的气势而不断再创新高。

大牛市里每天都有人预言股市要大跌，甚至有些人说，多少天多少天内股市必然狂跌，结果他们看到的是行情不断上涨，并且每天都在创新高，而自己由于过于担心股市下跌早早就抛掉手中的股票。造成这样的结果没有别的因素，更不是因为股市的上涨看跌，而是完全在于自己的心浮气躁。这样投资股票，你有多少钱都会输。所以，应该也只应该这样理解股市：股市与世间的一切都是一样的，也都是无常，因为无常就是会出现不断的变化，加之股市本身就是风险的、投机的市场，所以，更要以平常心来对待，只有真正以平常心对待股市，你才不会因为行情的变化而忐忑不安，也不会因为股市的涨跌而担心资金是否出现盈亏，更不会看到股市的不断上涨而感到害怕。因为，你已经把一切置之度外，平淡视之。炒股最忌心浮气躁，赚钱兴高采烈而亏钱痛苦不堪，因为这些都反映出你是一个不懂控制自己的人，而这样的人又怎么能炒好股票呢？

## 没有完美制度

投资者们在投资的过程中，通常都会把"制度"看得重于一切。尤其是从现代企业制度理论诞生以来更是如此。但是需要提醒投资者的是，好的管理制度纵然很重要，但是再好的制度都有漏洞，完美的制度是不存在的。

2002年巴菲特在致股东的信里说："在1993年的年报中，我曾经说过董事的另外一项职责：'如果能干的经营阶层过于贪心，他们总是会不时地想要从股东的口袋里捞钱，这就需要董事会适时地出手进行制止并给予相应的警告。'然而可惜的是，自从那以后，尽管经理人掏空口袋的行为司空见惯，但却没有看到谁出面进行制止。

"为什么一向英明并且睿智的董事们会如此惨败呢？其实实质的问题并不在于法律的层面，本来董事会就应该以捍卫股东利益为自己的最高职责，我认为真正的症结在于所谓的'董事会习性'。以一个例子来进行说明，通常情况下，在充满和谐气氛的董事会议上，讨论是否应该撤换CEO这类严肃的话题几乎是不可能的事。同样的道理，董事也不可能笨到会去质疑已经由CEO大力背书的购并案，尤其是当列席的内部幕僚与外部顾问皆一致地支持他英明的决策时，他们若不支持的话，可能早就被赶出去了，最后当薪资报酬委员会（通常布满了支领高薪的顾问）报告将给予CEO大量的认股权时，任何提出保留意见的董事，通常会被视为像是在宴会上打嗝一样失礼。"

对于普通的职业经理人来说不一定会做出利于股东的事，它们往往更多地考虑自己的职位。

巴菲特是在分析"安然事件"以及跟它一起灭亡的安达信会计师事务所的问题时指出以上问题的。在10多年前，安达信事务所出具的意见可以说是业界的金字招牌，在事务所内部，

-161-

由一群精英组成的专业准则小组（PSG），不管面对来自客户多少的压力，仍坚持财务报表必须诚实编制。为了坚持这项原则，专业准则小组在 1992 年坚持期权本来就应该列为费用的立场。然而不久之后，专业准则小组在另一群安达信的合伙人的推动下，对此立场做了 180 度的转变。他们相当清楚，如果这些高额期权成本如实反映在公司账上的话，就很可能被取消，而这些企业的 CEO 就会拂袖而去。

## 买贵也是一种买错

对于投资人来说，如果买入一家优秀公司的股票时支付过高的价格，将会对这家绩优企业未来 10 年所创造的价值产生抵消的效果。投资者应该记住巴菲特投资术中的这个重要的精髓，这比选择一个好公司还重要。

1982 年巴菲特在致股东信里写道："在 1982 年几件大型购并案发生时，我们的反应不是忌妒，相反我们很庆幸我们并不在其中。因为在这些购并案中，在管理当局的冲动下，追逐的刺激过程使得追求者变得盲目，布莱士·帕斯卡（法国著名的数学家、哲学家）的观察非常恰当：它使我想到所有的不幸皆归咎于大家无法安静地待在一个房间内。

"你们的董事长去年也曾数度离开那个房间，且差点成为那场闹剧的主角，现在回想起来，去年我们最大的成就是试图大幅购买那些我们先前已投入许多的公司的股份，但由于某些无法控制的因素却无法执行；假如我们真的成功了，这宗交易必定会耗尽我们所有的时间与精力，但却不一定能够获得回报。如果我们将去年的报告做成图表介绍本公司的发展，你将会发现有两页空白的跨页插图用来描述这宗告吹的交易。

"我们对股票的投资，只有在我们能够以合理的价格买到够吸引人的企业时才可以，同时也需要温和的股票市场配合。对投资人来说，买进的价格太高就会将这家绩优企业未来 10 年亮丽的发展所带来的效应抵消掉。"

巴菲特经常会在相当长的一段时期内，在股票的市场内保持沉默，尤其是在别人狂欢的时候，巴菲特往往都会被新锐们嘲笑无能、落伍，而这也正是在日后被称道、被崇拜的"股神"时刻。

比如巴菲特出手认购了通用电气30亿美元的优先股，对此巴菲特表示"通用电气公司是美国面向世界的标志性企业。数十年来，他一直是通用电气公司及其领导人的朋友和赞赏者"。但是在这漂亮言论的背后，更为真实的事实是：即使巴菲特赞赏通用电气数十年了，却只是在等待次贷危机发生时，通用电气的股票大幅缩水后才毅然决定出手。回首过去10年通用电气的股价，在2000年科网泡沫中一度高见60.5美元，而这一波牛市中也一度高见42.15美元，但是巴菲特却选择在通用电气迄今几近腰斩，徘徊在20美元接近10年来低位时才出手，显然其有足够的耐心等待好的公司出现好的价格。

回首巴菲特的投资历程，类似这样等待好公司出现好价格的例子可谓是数不胜数。此前提到的富国银行无疑是一个绝佳的范例。

富国银行可以称得上是上一次美国楼市危机S&L危机的受害者。对于一家成立于1852年的老牌银行来说，在20世纪90年代初股价一度曾高达86美元，但在S&L危机中，投资者担心银行会收到房贷市场的拖累而持不信任态度，尤其是担心作为所有加州银行中房地产贷款最多的银行，富国银行能否承受得起巨大的房地产贷款坏账损失。结果，富国银行的股价短期内暴跌，4个月时间里便重挫至41.3美元，而有先见之名的巴菲特早就看好富国银行，并出手以57.89美元的均价买入了大量富国银行的股票，并在此后逐步追加。

**没有制定适当的投资策略**

巴菲特说："最终，我们的经济命运将取决于我们所拥有的公司的经济命运，无论我们的所有权是部分的还是全部的。"巴菲特说，用简单的一句话来概括就是："以大大低于内在价值的价格，集中投资于优秀企业的股票并长期持有。"

1987年巴菲特在致股东的信里写道:"市场有很多所谓的专业投资人士,掌管着大量的资金,就是这些人造成了市场的震荡。他们无视企业的发展方向,反而更注重研究基金经理人的动向。对于他们而言,股票是赌博交易的筹码,类似于大富翁手里的棋子一样。

他们的这种做法已经发挥到了极致,即便形成了投资组合保险,这是1986~1987年已经广为基金经理人所接受的策略。这种策略像投机者的停损单一样,一旦投资组合或是类似与指数期货价格下跌就必须对所持股份进行处分,这种策略势必在股市下跌到一定程度的时候涌出一大堆的卖单。据研究报告显示:有高达600亿~900亿美元的股票投资在1987年10月中面临一触即发的险境。"

有些投资理论非常的奇怪,但很盛行。1987年的"黑色星期一"股灾,就是在巴菲特抨击的这种在计算机模型的主导下酝酿成灾的。很多投资者在进行股票投资时,没有一个适当的投资策略,也没有一个明确的目标和方向。在目标策略都无法确定的情况下,投资者的投资肯定是中、长、短线不分。由于操作策略不清,这就容易造成许多错误的判断和决定。

长期投资有长期的策略和方法,短期炒作则有其短线的思路和操盘手法,而最常见的错误就是长期的投资计划被短期的震荡所吓跑,原本计划赚50%以上才出局,却经不起5%~10%的小小震荡而匆忙平仓。而原打算短线投机,本来每股只想赚1元钱,却因被套而被迫长期投资,甚至每股深套10元以上,致使手中赚钱的强势股早已抛弃,而手中却全是深套的弱势股。显然,这是风险止损意识和投资报酬观念全无的表现。长此以往,输的概率肯定大于赢的概率。

在中国目前的经济条件下,长线投资理念在股市中运用没有错,然而,长线投资也是有条件的,长线投资的时机通常应该选择在一个大的底部区域,并选择成长性良好或有潜在题材的股票,如此才可以放心地做长线投资。例如,1996年1~3

月份选择四川长虹做长线投资,当时其股价仅为8元左右,到1997年5月份该股高达66元,大大地超过了同期指数的上涨幅度,从而形成头部,并一路下跌。如1997年5月份买进四川长虹作长线投资,则明显犯了投资错误。

对于投资者而言,选择短线炒作策略的投资者适合挑选近期的强势股,即针对大盘下跌过程中,成交量较大、换手率较高,并且逆势抗跌、不跌反涨的强势股逢低买进,且应快进快出。买进后,有钱赚要走,没钱赚也要止损,是短线的炒作方法。而选择长线操作宜挑选人见人弃、大家都说不行的弱势股,特别是在经过数月甚至数年下跌的长期价格偏低的弱势股逢低买进,且买进后有小钱赚不要轻易出局,稍微吃点套也不要急着割肉,直到涨到很高的同时受到众多投资者注意,且市场媒体对其一片叫好声不断时,则可以进行长线出局了,这就是长线的投资方法。另外,有些投资者也会犯一些不自觉的错误。做长线投资却在使用短线的技术指标,而短线投机反而只看长线技术指标,这就是策略没有正确制定的结果。

**钱少就不做长期投资**

正确的投资模式永远是正确的,也许你并不是腰缠万贯的投资者,而是像我们一样,都是普通人。钱少,并不是做短线投资的理由。记住一句话:"莫以善小而不为。"

1977年巴菲特在致股东的信里写道:"大家不需要太认真,因为对于我们持股比重较大的投资,通常情况下需要持有一段时间,所以我们投资的结果依靠的是这些被投资公司在这期间的经营表现,而不是在特定时期的股票价格,正如我们已经买下了一家公司却只是去关心他短期的经营业绩是一件很傻的事,同样的情况,如果购买公司的部分股票,拥有公司的部分所有权,只是去关心短期盈余或者是盈余短暂的变动也是不应该的一件事。"

巴菲特比较赞同"莫以善小而不为"。很多投资者以钱少为理由,不停地做短线投资。他们认为,长期投资是大资金才能做的事情，对于小资金来说，只能靠短期的投机来获取投资回报，而投机注定是要亏损的，所以小资金一定是要亏损的。但要是按照这样的话，我们就没必要进入股票市场。事实上，长期投资与资金总量没有任何关系，你的每1个1元钱，都可以进行长期投资。投机或长期投资，从结果上来看，是这样一个关系。投机是有可能在短期内产生暴利的，但在较长时间来看，大部分投机者是一定会跑输市场的。

20世纪70年代，那时候巴菲特的资金持有量还比较小，因此股价波动对伯克希尔净值的影响是很大的，但是巴菲特那时候对长期盈余的价值比较关注。在1977年，伯克希尔保险事业投入的资金成本已经从1.346亿美元增长到2.528亿美元，因为投资增加的净收益也从1975年的税前840万美元增长到了1977年1230万美元。1977年年底未实现的资本利得大约7400万美元，1974年伯克希尔刚成立10年的时候，账面上有1700万美元未实现的损失。

让我们先来看一个以少的资金长线投资的故事：投资者张某，在1993年买入了1000股万科A，成本在2万元左右。2007年7月，当年买入的万科市值现在是36万元，回报是18倍。证券公司的工作人员说，如果每次万科A的配股和权证都要的话，回报可以达到72倍，也就是接近150万元。为什么没要呢？因为张某当年买入后，就放在那里不管了。即使如此，14年获得18倍的投资回报，年均23%的收益率可以让绝大部分基金经理汗颜。由于张某投资的时间长，所以即使投入的资金很少，他获得的收益也相当可观。

**避免陷入长期持股的盲区**

巴菲特以长期投资而闻名，但他真正长期投资的只是那些创造价值的能力能够长期保持超越产业平均水平的优秀企业。如果这些企业的盈利能力短期发生暂时性变化，并不影响其长期盈利能力，那么，巴菲特将继续长期持有。但如果盈利能力发生根本性变化，他会毫不迟疑地将其卖出。

巴菲特支付的手段主要是靠投资，因此并不总是长期持股。他鼓励长期投资，前提是这些企业值得长期投资。他完全不会接受投资风险，只有在确认没有任何风险的前提下才会出手。他认为如果一项投资有风险的话，你要求再高的回报率也是没用的，因为那个风险并不会因此而减低。他只寻找风险几近至零的行业和公司。他在给股东的年度报告中明确说："我不会拿你们所拥有和所需要的资金，冒险去追求你们所没有和不需要的金钱。"

有些投资者在被套牢后，索性长期持股，做长期投资，这样做其实是误解了巴菲特的投资理念。因为没有投资这个前提，盲目地长期持股损失可能会更为惨痛。

巴菲特鼓励投资人买入股票后长期持有，是在他倡导的两个前提下进行的。

其一，所投资的公司必须是优秀公司。全世界各地的基金经理随时都持有近百种（亚洲）、甚至是上千种（美国）股票。显然，这些公司并非全都是优秀公司。这种广泛撒网式的投资法不是成功投资家的投资理念。

而是只有在优秀公司继续保持优秀状况时，我们才可以继续持有它们。这说明了持股不应是永远的，我们要一直不停地观察市场。

其二，就算是一家公司的基本优势还存在着，但如果我们发现还有一家竞争者也同样拥有这个优势，但股价只是它的一半时，则可以卖掉前者而买入后者。巴菲特于1997年卖出大部分麦当劳股票，买入另一家快餐业公司的例子就是明证。虽然巴菲特说这是两个不相干的买卖，他仍然觉得麦当劳是一家很优秀的公司，价格正确时可以买入，但也显示出巴菲特交换行业股的存在。

巴菲特也曾经说，如果我发现可口可乐在白水饮料方面还未有积极发展，因此会写一封信给可口可乐公司总部，希望能做出这种改革。如果这个建议在未来几年内未被接受，而世界人口又渐渐喝矿泉水而不再喝可乐的时候，即使有百年历史的可口可乐股票也应该卖出。

一些投资者认为，巴菲特持有的股票就是值得投资的股票。其实并非如此，伯克希尔作为企业法人税率很高，相当于个人投资者所得税率的两倍多，因此巴菲特所持股票无论价格多高，只要不卖，他就可以避免缴纳高额税金，这对于他和他的公司来说风险相当低。也就是说，与个人投资者相比，如果巴菲特没有在一个高价位卖出股票的话，他放弃的仅仅是65%的差价利润，而个人投资者则放弃了85%的差价利润。因此，如果巴菲特卖出了哪只股票，就表明他对这个公司前景看淡而不得不出手了。然而，通常投资者想要摸清他的投资轨迹并非易事。因此，与其机械地模仿，不如先学习他的思维方法，这样也许更能把握住巴菲特投资理念的精髓。

## 拒绝旅鼠般地盲目投资

只有独立思考，才能发现市场的错误，避免盲从于市场的错误，进而利用市场的错误，在市场恐慌性抛售时，发现巨大的安全边际，从而既能保证安全，又有机会大赚一笔。如巴菲特所说："关键在于利用市场，而不在于被市场利用。"

巴菲特在别人恐惧的时候贪婪，在别人贪婪时恐惧，而我们大部分人则相反：在别人恐惧时更恐惧，在别人贪婪时更贪婪。要找到股价被严重低估、有足够安全边际的股票，只有清醒的头脑是不行的，还得有巨大的勇气，敢于与众不同，众人皆醉我独醒。因为，人本身是群居性动物，在生活和工作上总是喜欢和群体保持一致。但在投资中，站在大多数人一边，不一定是对的，有时是完全错误的。巴菲特警告：在股市上，如果投资者以旅鼠般的热情跟着市场走，他们最终也会有旅鼠一般的悲惨命运。

旅鼠是一种小型动物，生长在苔原地区，以群体游向大海的举动而闻名世界。在正常时期，春天是旅鼠迁移的季节，它们四处移动，寻找食物和新的住所。然后每隔三四年，就会有奇怪的事情发生。

由于繁殖率高而死亡率低,旅鼠的数量与日俱增。当发展到一定程度,旅鼠开始时是在夜里有些不寻常的举动。不久,他们就开始在白天出来行动了。一旦遇到障碍,它们就愈聚愈多,直到惊慌失措的反应迫使它们强行越过障碍。当这样的行为增强后,旅鼠们便开始向一些它们平时敬而远之的动物挑战,并向大海迁移。虽然有许多旅鼠在半途中饿死,或被其他动物吃掉,但大多数旅鼠还是能够到达海边的。他们争先恐后地往大海里游去,直到力竭淹死为止。

股价的大幅度波动,与投资人旅鼠般的盲目行动有直接关系。大多数基金经理没有积极开动脑筋,而是像个傻瓜一样进行决策,他们个人得失心态太明显。如果一个非传统的决策效果不错,他们会被上司拍拍肩膀;但如果这个决策表现很差,他们会跌得很惨。因此,对他们来说,常规的失败是最好的选择。旅鼠的群体形象不佳,但没有任何一对旅鼠受过巨大的压力。

令巴菲特感到非常疑惑的是,有那么多受过良好教育、经验丰富的职业投资家在华尔街工作,但证券市场上却并没有因此而形成更多的逻辑和理智的力量。实际上,机构投资者持有的股票价格波动往往最剧烈。企业经理不能决定股价,他们只能希望通过公布公司的咨询来鼓励投资者理智地行动。巴菲特注意到股价的剧烈波动与机构投资者类似于旅鼠的行为关系更大,而不是与他们持有的公司的业绩有关。巴菲特长期购买及持有的战略与当今机构投资者的目的和看法背道而驰。每当华尔街稍有风吹草动时,机构投资者会迅速调整他们的投资组合。他们的行为主要基于保护他们以免跟不上市场形势,而不是对公司良好内在价值的真正认知。

当你要保证你的投资绝对安全的时候,请一定要牢记巴菲特所说的旅鼠的故事。想一下,你是不是盲从于市场,你是不是买入了一只股价过高的股票,而这只股票的股价根本不具有足够的"安全边际",追逐这样一个热门股会不会让你面临一个悲惨的命运。要避免的唯一方法是严格遵循巴菲特的"安全边际"原则,在什么时候都要保持安全第一,在买入股票的时候,一定要坚持股价上有充分的"安全边际",这样你才能保证自己的投资绝对安全。

## 慎对权威和内部消息

股票市场涨涨跌跌的过程,也是权威和内部消息转变为共同认识的过程,在这个过程中对普通投资人而言,不存在绝对确定的东西。如果你不能获得翔实的内幕的话,就不要去追求内幕信息,不要去寻找你根本掌握不了的确定性。

巴菲特说:"投资经纪人会告诉你在未来两个月内如何通过股指期货、期权、股票来赚钱完全是一种不可能的幻想。如果能够实现的话,他们也根本不会告诉投资人,他们自己早就赚饱了。"

与其向那些只关注股市行情而不重视调查研究的经纪人或投资专家寻找投资建议,不如从自己的生活中寻找那些优秀公司的股票。

在股市里,每天都有许多权威人士做不同的分析和预测。有不少投资者总爱看股评,可又不敢相信股评,而实际上还是受到股评的影响。事实上,在股票交易中,巴菲特认为,专家的意见很重要,因为专家经过较长时间研究各家上市公司的财务结构、上游材料供应、下游产品经销、同行竞争能力、世界经济景气影响、国内经济发展情况以及未来各行业发展潜力,在这个基础上做出的分析,往往是比较正确的。根据他们的建议选择投资对象和投资时机,犯错误的机会要小得多。但是对于专家的意见,巴菲特认为投资者还是应该表现出一定的鉴别意识和批判精神。

在铺天盖地的股评中,股评家还常说股市或某只股票有上涨的动力、下跌的压力等,很多投资者信以为真。巴菲特说:"我从来没有见过能够预测市场走势的人。"他建议投资人不要相信所谓的专家、股评家。

有时,我们在电视上看到这样的解说:"受美联储升息的传言影响，华尔街股市大幅下挫。"以此类推，诸如此类的传言和消息常常影响股市的走势，甚至可能改变股市的走势，使牛市变成熊市。反之亦然，因受某种消息刺激，熊市也可以变成牛市。市场自有其运行的规律，但市场常常显得很脆弱，一个突如其来的消息或是内幕甚或是毫无根据的传言也可以使它上下震荡。因为股市上很多靠消息投机的投资人，他们的心理其实很脆弱，风声鹤唳，草木皆兵，担心一有风吹草动，将使自己血本无归。

所以相信传言和所谓的内幕消息，都可导致股市的不理性和动荡。又在某种程度上似乎印证了消息的可靠性和传言的真实性，这是错误的看法。

从长远来看，所谓的消息和传言不能左右股市的运行规律，股市的运行根本上受公司经营业绩的影响，也就是说，企业的经营业绩左右着股市的运行规律。

投资者要把握股市的运行规律就得排除所谓传言和内幕消息的影响，立足于公司的经营业绩和获利能力。市场无论怎么运行，总会有正确反映公司经营业绩的时候，所以立足于公司的内在价值，选择合适的买入价位，然后等待股价上扬，而不在乎股市的短期涨跌，更不要听信所谓的传言和内幕消息。巴菲特常不无自豪地说："就算美联储主席偷偷地告诉我未来两年的货币政策，我也不会改变我的任何一个作为。"这种独立判断而不受消息左右的理性行为在股市上难能可贵，是投资制胜的重要条件。

总之，投资者在投资中应完全纠正相信权威和内部消息的依赖思想。应在自己进行独立分析研究的基础上，与股评观点进行切磋，提高自己的分析能力。请记住林奇的忠告：作为一个投资者，你的优势不在于从华尔街专家那里获取一些所谓的投资建议，而是你已经拥有的一些生活常识。当你投资你所熟悉的公司或行业的时候，利用你的优势，你的投资能够比那些专家更加出色。

**对于金钱要有储蓄意识**

如果我们能够了解消费的真实成本，我们就比较容易做到理性消费，就能够积累更多的资金，成为和巴菲特一样的储蓄者。

1989年巴菲特在致股东的信里写道："去年夏天我们把3年前价值85万美元的公司专机卖掉，另外又用670万美元买入了一架二手的飞机。大家如果能够想到我先前提到过的细胞复制的数字游戏就会感到非常的惊讶了，假如我们公司的净值以持续相同的速度保持增长的话，然而换飞机的成本也以100%的速度上升，大家就会发现，伯克希尔庞大的净值就会被这架飞机给吃光。"

巴菲特认为，正确认识消费成本是非常重要的。只有正确认识自己的消费成本，投资者才能够成为像巴菲特那样的储蓄者而不是消费者。

巴菲特认为，投资者要意识到，金钱的价值并不仅仅是它本身的价值，我们要认识到金钱的潜在价值。巴菲特生活非常节俭，在巴菲特看来，哪怕多花费1美元，都将给他的长期收益带来巨大的损失。在股市上每失误一次也将会给他的长期收益带来巨大损失。同样的，在价格过高的股票上每投资1美元，也将降低他的收益率，侵蚀他的长期资产的价值。

如何来理解金钱的潜在价值呢？我们可以举个例子。假设你希望购买一辆车，有两种选择：5万美元的宝马汽车或者2.5万美元的丰田汽车。宝马汽车当然能够让车主享受到更高的地位和驾驶乐趣，而丰田或许能够提供更高的实用性和更少的耗油量。你会选择哪一个呢？投资者可能会觉得，不就是相差2.5万美元嘛，也没什么大不了的，很好选择。

但巴菲特认为，2.5万美元的丰田与5万美元的宝马之间的差别不仅仅是2.5万美元，而且还在于它们的机会成本。如果你选择了宝马，你将支付5万美元，比选择丰田多支付了2.5万美元。如果你将这2.5万美元以15%的年收益率进行投资，那么30年后这2.5万美元将会变成165万美元。如果年收益率能够达到20%，那么30年后这2.5万美元就变成了593万美元。如此来看，你是不是就会觉得宝马车比丰田车贵太多了。事实就是这样，消费并不仅仅只是损失了当前的资金，而且还损失了用这些钱进行投资的机会成本。假设年收益率为15%，每次你去电影院花 60 元看一场电影，意味着你在 30 年期间内放弃了 3972 元净资产。

正因为消费成本如此之高，巴菲特平时生活特别简朴。他非常关注家庭消费中有没有浪费，尽管他的钱已经多到可以购买任何他想要的东西，但巴菲特依然觉得，很多产品的价格如果按照复利计息来算，购买成本将会变得非常高，长期下来将会损失很多资金。例如 1969 年关闭合伙投资基金时，巴菲特当时的资本是 2500 万美元。如果当时他不是把全部资金进行再投资，而是在奥马哈买一座价值 5 万美元的房子并花 1 万美元装修，那么 30 年间他将会损失将近 50 亿美元的资产，所以巴菲特还是喜欢简单的生活。他那辆林肯房车当时购买时仅花了 1.2 万美元，已经开了几十年。

当然，这并不意味着我们要放弃自己的兴趣爱好，变成一个守财奴。我们要消费，但是我们也要对消费的真实成本有足够认识。如果我们能够像巴菲特那样用复合的年收益率来计算消费的成本，我们就会减少一些不必要的开支，变成一个净储蓄者而不是净消费者。

**避免陷入分析的沼泽**

向巴菲特学习，就是要合理利用已有的数据，提取对我们有用的信息，而不是完全依赖数据来决定我们的投资。

1993 年巴菲特在哥伦比亚商学院发表演讲时说道："同理，假定你生活在一个父权结构极为严密的社会，而美国每一个家庭都恰好以父亲马首是瞻。20 天之后，你将发现 215 位赢家是来自于 21.5 个家庭。若干天真的分析师可能因此认为，成功地猜测钢板投掷的结果，其中具有高度的遗传因素。当然，这实际上不具有任何意义，因为你所拥有的不是 215 位个别赢家，而只是 21.5 个随机分布的家庭。"

巴菲特认为，认真分析企业的相关数据对于投资者来说非常重要，但有时也要避免陷入分析的沼泽。

数据在人类的生活中扮演着很重要的角色。缺少了这种数学上精确的数据，我们的生活将会变得比较模糊。如果我们不先用天气模型去分析以前的天气变化数据，我们就无法预测未来天气的变化；如果我们不按照可乐的配方来配制可乐，我们就配不出好喝的可乐；如果我们不制定射击比赛的规则，我们就无法确定谁才是冠军。

巴菲特认为，股票投资从本质上来说，就是一个冒险的游戏。一个投资者想要降低投资的风险，就需要数据的帮助。伯恩斯坦曾经说过："在没有机会和可能性的前提下，应对风险的唯一办法就是求助于上帝和运气。没有数据的支持，冒险完全就是一种莽夫的行为。"

如果没有数据，我们根本无法了解公司的经营状况，我们的投资行为就像掷色子一样充满了随机性。但是我们都不会这么盲目投资的。我们通常都会根据公司提供的数据，了解一下公司的经营业绩，估计一下公司的内在价值，和股票的价格对比一下，计算可能获得的收益，然后综合考虑这些分析出来的数据再进行投资。经过数据分析的好处就是尽可能多地减去了那些不确定因素。例如，通过对某一份材料的数据进行分析，我们发现每当利率下调0.1%，某一公司的销售额就会增长3%，那么我们就得到了一些对投资有利的信息。有了这些信息，我们就比那些缺少这份材料的人更有机会寻找到好的投资机会和预测未来收益。

数据分析是有一定作用的，但是很多人太过沉迷于分析的沼泽。我们经常会看到有些人研究某只股票在过去5年或10年内的价格走势，仔细分析它在成交量上的细微变化和每日的变化，试图从股票的价格变化中推断出股票的价格模型，预测自己的股票收益。

但巴菲特认为，数据分析并不是万能的。它可以替我们排除一些不确定因素，但它却不能为我们总结出股票投资的模型。目前市场上有很多设计出的选股方法，但大多难以付诸实施，被证明是无用的。巴菲特很早就意识到了材料的有限性，于是他根本不看那些股票分析师做出的各种选股资料，也不在电脑里安装股票终端每日查看股票价格，更不愿浪费时间分析股票的价格走势。也许正是由于他没有使用过任何统计数据分析包软件,也不分析股票的价格走势,他的运作才更加成功。

## 巴菲特前25年所犯下的错误

巴菲特曾经失败过几次,而且无疑将来还会有失败。投资成功并不是绝无错误的同义词。相反,成功来自做对的事情比做错的事情多。采用巴菲特的投资方法并无不妥。这种方法的成功在于尽可能少做错事——这种事情非常多而且复杂(预测市场、经济以及股价),并尽可能把事情做对——这种事情非常少而且简单(为公司确定价值,并以低于公司内在价值的价格购买)。

巴菲特在1989年的信里写道:"前25年犯下的第一个错误,就是买下了伯克希尔纺织的控制权,即使清楚地知道纺织这个产业前景并不光明,却因为受到价格极其便宜的引诱而购买。这种投资方法在早期投资中获利颇丰,但在1965年投资伯克希尔后,我就开始发现这并不是个理想的投资模式。

"我的个人经验就是:用合理的价格买下一家好公司比用便宜的价格买下一家普通的公司要强得多。查理·芒格很早就明白这个道理,然而我的反应则比较慢,但是现在当我们在进行投资时,我们不只是选择出最好的公司,与此同时这些公司还需要有好的经理人。

"我曾经说过,当一个绩效卓著的经理人遇到一家恶名昭彰的企业,通常会是后者占上风。但愿我再也没有那么多精力来创造新的例子,我以前的行为就像是梅·惠斯特曾说的:'曾经我是个白雪公主,不过如今我已不再清白。'"

巴菲特上面这段话,总结了他投资前25年的经验。他也犯了不少的错误,比如受到股票价格低廉的诱惑,而忽略了这个公司的资质。当然,如果你把巴菲特认为是"西方不败"的话,你肯定会失望了。实际上,"股神"之所以伟大是因为他能从自己的每一次错误中获得力量,同时不会被一次偶然的成功冲昏头脑。

巴菲特的六大错误投资是:

第一，投资不具长期持久竞争优势的企业。1965年他买下柏克夏海瑟威纺织公司，然而因为来自海外竞争的压力巨大，他于20年后关闭纺织工厂。

第二，投资不景气的产业。巴菲特1989年以35800万美元投资美国航空公司优先股，然而随着航空业的不景气一路下滑，他的投资也告大减。他为此投资懊恼不已。有一次有人问他对发明飞机的怀特兄弟的看法，他回答说应该有人把他们打下来。

第三，以股票代替现金进行投资。1993年巴菲特以42000万美元买下制鞋公司Dexter，不过他是以柏克夏海瑟威公司的股票来代替现金，而随着该公司股价上涨，如今他购买这家制鞋公司的股票价值20亿美元。

第四，太快卖出。1964年巴菲特以1300万美元买下当时陷入丑闻的美国运通5%股权，后来以2000万美元卖出，若他肯坚持到今天，他的美国运通股票价值高达20亿美元。

第五，虽然看到投资价值，却是没有行动。巴菲特承认他虽然看好零售业前景，但是却没有加码投资沃尔玛。他的这一错误使得柏克夏海瑟威公司的股东平均一年损失80亿美元。

第六，现金太多。巴菲特的错误都是来自有太多现金。而要克服此问题，巴菲特认为必须耐心等待绝佳的投资机会。

巴菲特曾经经营水牛城日报、美国运通（多元化的全球旅游、财务及网络服务公司）、盖可保险等公司，那时，他都能成功地"扭亏为盈"，这在普通的投资者看来是一件很了不起的事，然而巴菲特却说，以后不会再去冒险做这种挑战了。

所以，对于普通投资者而言，你需要了解的是：时间是好公司的朋友，然而却是烂公司最大的敌人。以合理的价格买下一家好公司比用便宜的价格买下一家普通的公司要好得多。此外，俗语说得好："好马还要搭配好骑士才能有好成绩。"再好的公司如果遇到一个糟糕的经理人你也不会体会到好公司的好处。在选择公司的时候我们专挑那种一尺的低栏，并且要尽量避免碰到7尺的跳高。

# 第七章　巴菲特的投资实录

## 第一节　可口可乐公司

**投资 13 亿美元，盈利 70 亿美元**

投资可口可乐公司是巴菲特最成功的投资，比他自己想象的还要成功。他于 1988～1989 年间分批买入可口可乐公司股票 2335 万股，投资 10.23 亿美元。1994 年继续增持，总投资达到 12.99 亿美元。2003 年年底，巴菲特持有可口可乐公司的股票市值为 101.50 亿美元，15 年间增长了 681%。

巴菲特在伯克希尔公司 1991 年的年报中高兴地说："三年前当我们大笔买入可口可乐股票的时候，伯克希尔公司的净值大约是 34 亿美元，但是，现在光是我们持有可口可乐公司的股票市值就超过了这个数字。"

可口可乐公司之所以能给巴菲特带来如此大的利润，是由以下几方面的因素决定的。

### 1. 业务简单易懂

可口可乐公司业务非常简单易懂。公司买入原料，制成浓缩液，再销售给装瓶商。由装瓶商把浓缩液与其他成分调配在一起，再将最终制成的可口可乐饮料卖给零售商，包括超市、便利店、自动售货机、酒吧等。

可口可乐公司的名声不仅来自于它的著名产品，还来自于它无与匹敌的全球销售系统。目前 70% 的销售额和 80% 的利润来自于国际市场，而且国际市场的增长潜力仍然很大。美国人均可乐年消费量为 395 瓶，而全球范围内人均可乐消费只有 64

–177–

瓶。这一巨大的差距代表着可口可乐公司在全球饮料市场继续增长的巨大潜力。

2. 著名的品牌优势

在全球最著名的 5 种碳酸饮料中，公司独揽 4 种品牌：可口可乐、雪碧、芬达、Tab。

其中，可口可乐已经成为全球最被广泛认同、最受尊重的著名品牌。

巴菲特称可口可乐为世界上最有价值的品牌。据评估，可口可乐品牌价值 400 多亿美元。

可口可乐公司 1995 年年度报告中宣称："如果我们的公司被彻底摧毁，我们马上就可以凭借我们品牌的力量贷款重建整个公司。"

3. 持续竞争优势

可口可乐占了全球软饮料行业一半以上的市场份额。如今可口可乐公司每天向全世界 60 亿人口出售 10 亿多罐的可口可乐。

可口可乐软饮料是世界上规模最大的产业之一。软饮料产业发展的巨大前景为可口可乐的高速增长提供了坚实的基础。产业的特点是：大规模生产、高边际利润、高现金流、低资本要求以及高回报率。

4. 出众的利润创造能力

1980 年，可口可乐公司的税前利润率不足 12%，而且这一比率已连续下降了 5 年，远低于公司 1973 年 18% 的水平。格伊祖塔上任的第一年，税前利润率就上升到 13.7%。1988 年，巴菲特买进可口可乐公司股票时，公司的税前利润率已上升到创纪录的 19%。

5. 超级内在价值

1988 年巴菲特首次买入可口可乐股票时，公司股票的市盈率为 15 倍，股价与每股现金流比率为 12 倍，分别比市场平均水平高出 30% 和 50%。巴菲特以 5 倍于股票账面价值的价格买入。

6. 优秀的企业管理者

可口可乐公司的管理者罗伯特·戈耶兹亚塔是个非常难得

的天才,将市场销售与公司财务两方面的高超技巧整合在一起,不但使公司产品销售增长最大化,而且也使这种增长带给股东的回报最大化。一般来说,一家消费品公司的 CEO,由于个人的倾向或经验所致,往往会在经营管理中过于强调市场或财务中的一方面,忽略了另外一方面。但是,罗伯特·戈耶兹亚塔却能够将两者调和到极致的境界。

在罗伯特·戈耶兹亚塔的领导下,可口可乐公司的净收益从 1979 年的 3.91 亿美元增长到 7.86 亿美元,比奥斯汀时期增长了 1 倍。股权投资收益率从 1979 年的 214% 提高到 271%。

## 独一无二的饮料配方

1886 年,美国佐治亚州亚特兰大市,一家药店的药剂师约翰·史蒂斯·潘伯顿用古柯叶、可乐果、蔗糖等原料,在自家后院的铜罐里配制出一种咖啡色药水。这种药水味道可口,类似糖浆,喝后有健脑提神的作用。药店的记账员弗兰克·鲁滨孙把这种饮料中的两种成分古柯叶和可乐果组合成了"可口可乐"这个名字。后来在药店使用的商业名片上用手写体设计出流畅优雅的商标,凡是拿到名片的人都可以免费得到一杯可乐,人们开始了解可口可乐。潘伯顿当时绝对没有想到,自己的发明后来居然成为全世界风靡的软饮料。

1891 年潘伯顿去世,一位名叫阿萨·坎德勒的药品批发商,以 2300 美元的低价,买下了可口可乐的配方专利权和所有权,并于次年成立了可口可乐公司。精通营销之道的坎德勒深知广告宣传对产品的促销作用,为此他尝试在各种媒体上做广告。除了报纸杂志、户外广告以外,还通过一些辅助材料如菜单、书签、日历、扑克牌等宣传可口可乐。到 1895 年,可口可乐已经全国皆知,在美国几乎每一个州都有出售。后来,坎德勒创建了可口可乐的独立装瓶体制,即与装瓶公司签订协议,特许该公司购买可口可乐原液,并生产、装瓶和销售可口可乐饮料。

自从 1886 年创制出可口可乐配方以来,可口可乐公司在过去的 120 多年里一直对这支营销全球的汽水秘方保密。直到最近几年面临食品安全问题时,可口可乐公司才改变策略,稍微揭开一点神秘面纱,强调饮料配方中没有添加防腐剂,也没有人造味道。原来,可口可乐的配方124年来都没有改变过。法国一家报纸曾打趣道,世界上有3个秘密是为世人所不知的,那就是巴西球星罗纳尔多的体重、英国女王的财富和可口可乐的秘方。

在与合作伙伴的贸易中,可口可乐公司只向合作伙伴提供半成品,获得其生产许可的厂家只能得到将浓缩的原浆配成可口可乐成品的技术和方法,并不能得到原浆的配方。

可口可乐公司的历任领导人都把保护秘方作为首要任务。大约在1923年,可口可乐公司向公众播放了将配方的手书藏在银行保险库中的过程,并表明,如果谁要查询这一秘方必须先提出申请,经由信托公司董事会批准,才能在有相关人员在场的前提下,在指定的时间内打开。而如果你要证实可口可乐公司的其他保密资料,则就变得简单很多。

可口可乐的主要配料是公开的,包括糖、碳酸水、焦糖、磷酸、咖啡因、古柯叶等,但核心技术"7X"却从未公开,虽然它只占所有配方的1%。"可口可乐"的竞争对手数次高薪聘请高级化验师对"7X"配方进行破译,但总以失败告终。虽然科研人员通过化验得知可口可乐的最基本配料是水,再加上少量的蔗糖、二氧化碳等,但其他公司按此配制出来的饮料口味却大相径庭。

"7X"商品的配方由3种关键成分组成,这3种成分分别由公司的3个高级职员掌握,3人的身份被绝对保密。而且,他们只知道自己的配方是什么,3人不允许乘坐同一交通工具外出,以防止发生事故导致秘方失传。而且据传现在全世界只有两个人知道可口可乐糖浆的完整配方,可口可乐公司规定这两个人不能同时外出旅行,如果其中一人死了,另一人就要去找一个"徒弟",把配方的秘密传授给他。

由此人们才知道,可口可乐中的极少量"神秘物质",才使得可口可乐维系了一个多世纪的荣光,而作为每年销售几百亿箱的全球碳酸饮料龙头,可口可乐的配方早已成为美国大众消费文化的代表。

1916年坎德勒用设计独特、曲线优美的筒裙状瓶子替换了可口可乐原有的直筒瓶子，这种独特的瓶形设计后来也成为可口可乐品牌的独特标志之一。

**120年的成长历程**

可口可乐是世界上最大的软饮料生产和经销商。公司的软饮料早在1886年就已经问世，迄今畅销120年，遍布全球190多个国家和地区。

可口可乐公司的名声不仅来自于它的著名产品，还来自于它无可匹敌的全球销售系统。可口可乐公司在美国以外的国际市场上的销售额和利润分别占其销售总额的67%和利润总额的81%。可口可乐公司拥有可口可乐企业（美国最大的装瓶商）44%的股份以及可口可乐阿玛提公司52%的股份——该公司是澳大利亚的一家装瓶商，业务遍及澳大利亚、新西兰和东欧。可口可乐公司还持有墨西哥、南美、东南亚、中国大陆、中国香港特别行政区和中国台湾地区等地装瓶公司的股份。1992年，可口可乐公司销售了100多亿箱的饮料。

巴菲特对可口可乐公司非常熟悉，他与可口可乐公司的关系可以追溯到他的童年时代。巴菲特在20世纪80年代买入可口可乐公司之前，已经关注了它52年，才等到可口可乐公司价格下跌形成足够的安全边际，他终于抓住了这绝好的投资机遇。巴菲特1989年大笔买入可口可乐股票后，在当年的年报中兴致勃勃地回顾了自己52年来持续长期关注可口可乐公司的过程：

"我记得大概是在1935年或1936年第一次喝了可口可乐。不过可以确定的是，我从1936年开始以25美分6瓶的价格从巴菲特父子杂货店成批购买可口可乐，然后再以每瓶5美分零卖给周围的邻居们。在我跑来跑去进行这种高利润零售业务的过程中，很自然地就观察到可口可乐对消费者非同寻常的吸引力及其中蕴藏的巨大商机。在随后的52年里，当可口可乐席卷全世界的同时，我也继续观察到可口可乐的这些非凡之处……直到1988年夏天，我的大脑才和我的眼睛建立了联系。一时之间,我对可口可乐的感觉变得既清楚又非常着迷。"

在1989年大规模投资之前,巴菲特认真研究了可口可乐公司100多年的经营历史。

1886年5月8日,约翰·潘伯顿用一只三脚铜壶第一次调制出可口可乐糖浆。潘伯顿第一年就卖出了25加仑,第一年的总销售额为50美元,总成本是73.96美元。1887年,他将发明的"可口可乐糖浆浓缩液"申请了专利。

潘伯顿听从了他的记账员弗兰克·罗宾孙的建议,用"可口可乐"来为他发明的产品命名。在广告中,可口可乐名字用流畅的斯宾塞字体书写,其中两个"C"看起来十分美观。经过100多年,可口可乐的这一标识如今为全世界所熟知,可口可乐饮料已经成为美国人乃至全世界人们生活中不可缺少的一部分。

1891年,亚特兰大商人阿萨·坎德勒用2300美元买下可口可乐公司的经营权。巴菲特在1997年伯克希尔公司股东年会上说:"坎德勒基本上只用了2000美元就买下了可口可乐公司,这可能是历史上最精明的一桩买卖。"坎德勒在给可口可乐配制糖浆时,在饮用水里加入了一些自然原料,这就是众所周知的可口可乐"商品7X"配方——这是世界上最令人嫉妒的商业秘密,也是被最严密保护的饮料配方。

1892年可口可乐公司在亚特兰大召开了第一届股东年会,有4位股东出席。当时的年销售额为49676.30美元,资产负债表上的资产额为74898.12美元。经过几年的努力,坎德勒杰出的经商才能使得可口可乐在全美各州的销售量迅速增长。

1894年密西西比州维克斯伯格的一家糖果商人约瑟夫·比登哈恩从亚特兰大用船来运输糖浆,成为第一个生产瓶装可口可乐的商人。

1899年,经过5年多的发展,大规模瓶装生产日益成熟。田纳西州沙塔诺加的约瑟夫·怀特海德和本杰明·托马斯获得了在美国大部分地区销售瓶装可口可乐的特许经营权。

这个合同开启了可口可乐公司独立开创瓶装生产系统的先河,这一系统一直是公司软饮料运作系统的基础。可口可乐将用于软饮料生产的糖浆和浓缩液运送到世界各地的瓶装可乐销售商手中,然后进行灌装后,在销售商所在的地区配送和销售。

1919年,以欧尼斯特·伍德洛夫为首的投资者们用2500万美元买下了这家公司。到1923年,他的儿子罗伯特·伍德洛夫成为这家公司的总裁。罗伯特·伍德洛夫决心让全球各地都有可口可乐,带领公司开展了一系列的展览宣传和促销活动。他60多年的卓越领导使可口可乐公司逐步发展成为全球最强大的软饮料企业。

可口可乐公司通过向外扩张,在加拿大、古巴设立分支机构,于19世纪90年代就迈出了国际化的步伐。在20世纪20年代,可口可乐公司开始向欧洲进军,1928年它首次进入中国。1928年可口可乐公司成为奥林匹克运动会赞助商。当时在一架运送参加奥林匹克运动会的美国代表队到阿姆斯特丹的美国运输机上同时装着1000箱可口可乐饮料。

在1941年,由于美国介入第二次世界大战,伍德洛夫命令:"无论是谁,无论花公司多少钱,每个士兵只要花5美分就可以买一瓶可口可乐。"第二次世界大战期间,公司说服美国政府在海外建立了95个灌装厂,名义上是为了提高士气而实际是专门为了扩大市场。马克·彭德格拉丝特在1993年8月15日的《纽约时报》上发表了一篇题为"为了上帝、国家和可口可乐"的文章:一个成功的企业需要一群忠实的消费者。一位士兵在给家里的信中写道:"在两栖登陆中最重要的问题是在第一次或第二次潮汛来临时,岸上是否会有可口可乐售卖机。"第二次世界大战结束后,尽管美国军队撤离了,但可口可乐却继续受到当地人的喜爱,成为第一批畅销海外的美国产品之一。在此基础上,可口可乐公司迅速在全球建立了规模庞大的生产销售系统,形成了公司在软饮料业内的巨无霸地位。

可口可乐公司向全球近200个国家约1000家加盟者提供其糖浆和浓缩液。尽管在这200个国家里同时销售其他230多种品牌的饮料,但在大多数国家中,几乎没有什么饮料品牌能够与可口可乐相竞争。世界上一半的碳酸饮料都是由可口可乐公司销售的,这一销量是它的劲敌百事可乐公司的3倍。全世界成千上万的人一天就要喝掉 10 亿罐的可口可乐，这相当于全球饮料市场日消费量的 2%。

在 1997 年可口可乐公司的年度报告中，可口可乐公司前主席道格拉斯·伊维斯特写道："可口可乐公司的创业者们绝不会想到会有今天的成绩，当你读到这份报告的时候，可口可乐公司已经取得了一个里程碑式的发展：公司的可口可乐产品以及其他产品每天的销售已逾 10 亿罐。第一个价值 10 亿美元的可口可乐饮料，我们花了 22 年的时间才卖出，如今，我们 1 天就能卖出 10 亿罐饮料。"

一个多世纪以来，世界范围内可口可乐员工们将 1 盎司的可口可乐糖浆兑入 6.5 盎司的碳化水，没有哪种产品有这样普及。

巴菲特告诉《福布斯》杂志说，他购买可口可乐的一个主要原因就是，在这个大众口味日趋相同的世界里，可口可乐的股票价格并没有反映出可口可乐国际市场销售额中的增长。

巴菲特买入可口可乐股票后感叹道："当时我看到的是：很明白……世界上最流行的产品为自己建立了一座新的丰碑，它在海外的销量爆炸式地迅速膨胀。"

## 载入吉尼斯纪录的超级销量

1988 年巴菲特开始买入可口可乐公司股票，在此之前可口可乐的经营情况如何呢？

可口可乐公司 1987 年的年报对前 11 年的经营情况做了一个很好的回顾，以下我们在扣除非经常性项目损益与所得税调整的影响后加以分析。营业收入每年增长 10.6%，10 年里增长了 2.75 倍，营业利润增长了 2.58 倍。

1981 年罗伯托·郭思达上任后公司产品盈利能力大幅度增长，1982 ~ 1997 年 5 年间营业利润每年增长 12%。

1976 ~ 1980 年可口可乐公司税前利润率连续下降了 5 年，1980 年可口可乐公司的税前利润率不足 12%，远远低于公司 1973 年 18% 的水平。1981 年罗伯托·郭思达上任的第一年，税前利润率就上升到 13.7%。1988 年，巴菲特买进可口可乐公司股票时，公司的税前利润率已上升到创纪录的19%。

可口可乐公司每年9亿美元的净利润无疑会吸引新的竞争对手进入软饮料产业，但可口可乐取得如此业绩依靠的是每天高达10亿罐的销售量。公司尽可能降低成本，以低价格保证巨大的销售量，每罐只有半美分的利润，这形成了阻挡其他竞争者的巨大壁垒。

罗伯托·郭思达的目标是到2000年可口可乐公司的销售额要翻一番。罗伯托·郭思达在《可口可乐面向2000年的企业制度：我们90年代的使命》一书中指出：可口可乐公司是唯一具有能给全世界任何地方带来新鲜活力和能量的企业。通过提高公司在东欧、俄罗斯、印度尼西亚、印度、非洲和中国的销量，销售额翻一番的目标完全可以实现。尽管这些国家的人均消费量可能永远赶不上美国（年人均消费296瓶8盎司装可口可乐），但只要销量在这些发展中的国家和地区略有增长，就可以获得可观的利润。目前，世界上有一半人人均可口可乐年消费量不到2瓶，仅在中国、印度尼西亚、印度的机会就足以使可口可乐公司积累进入21世纪的财富。

## 无法撼动的知名品牌

全世界每一秒钟约有10450人正在享用可口可乐公司所生产的饮料。

在巴西，西姆斯集团装瓶厂为将可口可乐运到偏远地区的销售点，需要用小船，沿亚马孙河流域航行30天才能到达。

日本拥有最多的自动售卖软饮料机，全国共有200万部，其中超过1/3带有可口可乐商标。日本最畅销的非碳酸饮料乔治亚咖啡，就是可口可乐公司的产品。

在哥斯达黎加的阿蜜，一个大市场和一个公共汽车站都是以"可口可乐"命名，该处是原来的可口可乐装瓶厂所在地。如果你坐计程车，告诉司机你要去"可口可乐"，那么司机很可能送你到市场，而非真正的可口可乐装瓶厂。

可口可乐湾在洪都拉斯的科尔特斯港。40多年前以可口可乐为这个海滩命名,因为这个海滩就在一家可口可乐装瓶厂前面。那间可口可乐装瓶厂现已不复存在,但名字却留给了海滩。

巴西马卡帕装瓶厂位处赤道,因此我们可以在街的一边即南半球买一瓶可口可乐,然后立即到街的另一端即北半球再买一瓶可口可乐。

如果将至今所有出厂的可口可乐,以8盎司可口可乐曲线瓶,将其首尾相连地排列,沿着地球周围的卫星轨道环绕,所形成的距离将花费一个卫星11年10个月又14天内的时间绕行4334圈。

如果可以制造一个大的足以装下所有曾经生产过的可口可乐的超级大瓶子,则这个瓶子的瓶高将会有3.2公里,宽达2.4公里。若有与这个瓶子成同等比例的人,这人将会是一个身高超过27.2公里,体重达到3亿2000万吨的巨人。

如果将曾经出厂的可口可乐以8盎司弧形瓶送给全世界所有的人,则每人将可获得678个瓶子(或42加仑以上)。如果将所有曾经生产的可口可乐,以8盎司曲线瓶装首尾相连排列,它们将会从月球来回1057次。若以每天来回一趟计算,则须花费2年10个月又23天的时间。

如果将所有曾经生产的可口可乐以8盎司曲线瓶头尾相连排列,它们将会从水星通过金星、地球、火星,一直到木星。

如果将曾经生产的所有可口可乐倒进一个平均深度为1.8公尺的游泳池,则这个超级大游泳池的长为35.2公里,宽为12.8公里。这个游泳池将可同时容纳54800万人。

## 第二节 美国运通公司

**投资14.7亿美元,盈利70.76亿美元**

1991年巴菲特买入美国运通公司3亿美元的可转换优先股。1994年巴菲特将这部分可转换优先股转换成了1400万股普通股，同年巴菲特又投资 4.24 亿美元买入 1.38 亿股普通股。

1995 年巴菲特投资 6.69 亿美元买入 2.17 亿股普通股，总持股数达到 4945.69 万股。

1998 年巴菲特又小幅增持 108 万股，总持股数达到 5053.69 万股。

2000 年由于美国运通公司进行股票分割，巴菲特所持股份总数变为 15161.07 万股。

至 2004 年底巴菲特所持股份总数为 15161.07 股，买入成本为 14.70 亿美元，总市值为 85.46 亿美元。巴菲特投资 11 年总盈利 70.76 亿美元，投资收益率高达 4.81 倍以上。

## 125 年历史的金融企业

回溯 1851 年，美国运通在创立之初，其实是一家快递公司，它是由好几家小型快递公司共同组成的快递联盟，口号是"安全、迅速"，牛头犬是它的标志。

1860 年，美国爆发南北战争，美国运通全力支持北方军，肩负起联邦军队所需物资的运输，后来还帮助军队在战地印发选票。

1880 年，公司规模已经迅速发展壮大，在美国 19 个州先后设立了 4000 家分支机构。

1882 年，大量现金的运送风险日益增加，于是美国运通开始了汇票承销。汇票业务快速成长，因此和欧洲各大银行往来密切。美国运通除了基金划拨外，更朝着多元化方向发展。但尽管金融业务蒸蒸日上，货物运输依旧是其首要的经营重心。

1891 年美国运通推出了旅行支票，开创了一个新的里程碑，也让公司经营发展做出了重大变化，自此从货物运输公司转型为金融服务公司。美国运通承诺，每一张标有面额的支票都可以在许多国家兑换成各种不同币种的现金，更重要的是，一旦旅行支票被窃或遗失，受害人能自动地获得退款。

旅行支票的问世，让观光客可以凭着一张纸就悠游在各国汇率之间。旅行支票的效力高低，其实是凭借开票银行品牌势力的大小，于是，美国运通萌生了进军旅游界的念头，它开始发售火车联票和越洋船票。

1914年，第一次世界大战爆发，15万名美国人投身欧洲战场。美国运通灵机一动，把参战士兵的钱寄到它在欧洲各地的据点，这大大增强了它在某些国家所拥有的品牌影响力——当地商人对美国运通旅行支票的接受度，远高于对本国货币的信任度。美国运通公司充分利用海外广泛的分支机构及其崇高声誉，在旅行支票业务基础上提供旅游代理服务和货币兑换等大量旅游相关业务。当时美国的海外旅游热潮为美国运通公司提供了大量利润。

即使在20世纪30年代的经济大萧条时期，美国运通的声望仍持续上升。当时各大银行纷纷暂停营业，美国运通资产遭到冻结，但它还是继续兑现所有的旅行支票，足见它的品牌信誉比现金更可靠。

当《时代周刊》宣告"无现金的社会"已经到来，一场信用卡取代现金的流通革命即将开始，而美国运通正是这场革命的导航灯。1958年美国运通开发出了最大胆也是最成功的产品——运通卡。公司与许多商家签约，向持卡人收取一定的费用并按照刷卡额的一定百分比给商家一定的折扣。到了1963年，有1000万公众持有美国运通卡，该公司成千上万美元的票据在流通，像货币一样被人毫不迟疑地接受。1970年美国运通收取了23亿美元的手续费，运通卡使美国步入无现金社会。美国运通多年来也在公众中建立了巨大的声誉。

目前美国运通公司业务主要分为四部分：

（1）旅游及相关服务（TRS），包括发行运通信用卡和运通旅行支票与旅游代理服务，这是公司的核心业务，占公司净收益总额的70%以上，股本率高达28%以上。

（2）财务顾问服务（IDS）主要是向个人客户提供财务计划和投资咨询服务，涉及财务计划、保险和投资产品等，有3600名财务咨询专家，管理资产规模达1060亿美元，是全美最大的资产管理机构，业务收入占美国运通公司总收入的22%。

（3）运通银行，在全世界37个国家和地区设有87家办事处,但运通银行的业务收入只占美国运通公司总收入的5%。

(4) ISC为客户特别是信用卡公司提供处理数据服务。

1963年,美国运通在新泽西州巴约纳的一家仓库的一场非常普通的日常交易中,接收了由当时规模庞大的联合原油精炼公司提供的一批据称是色拉油的罐装货物,仓库给联合公司开出了收据作为这批所谓色拉油的凭证,联合公司用此收据作为抵押来取得贷款。

1963年11月,美国运通发现油罐中只装有少量的色拉油,大部分是海水。美国运通的仓库遭受了巨大的欺骗,其损失估计达1.5亿美元。

美国运通总裁霍华德·克拉克决定承担下这批债务,这意味着母公司将面对各种索赔,而且将包括没有法律依据的索赔,潜在的损失是巨大的。实际上,他说公司已经"资不抵债"。

巴菲特专门走访了奥马哈罗斯的牛排屋、银行和旅行社、超级市场和药店,发现人们仍然用美国运通的旅行者支票来做日常的生意。他根据调查得出的结论与当时公众的普遍观点大相径庭:美国运通并没有走下坡路,美国运通的商标仍是世界上的畅行标志之一。

巴菲特认识到美国运通这个名字的特许权价值。特许权意味着独占市场的权力。在全国范围内,它拥有旅行者支票市场80%的份额,还在付费卡上占有主要的市场份额。巴菲特认为,没有任何东西动摇过美国运通的市场优势地位,也不可能有什么能动摇它。

股票市场对这个公司股票的估价却是基于这样一个观点,即它的顾客已经抛弃了它。华尔街的证券商一窝蜂地疯狂抛售。1963年11月22日,公司的股票从消息传出以前的60美元/股跌到了56.5美元/股,到1964年年初,股价跌至每股35美元。

1964年巴菲特将其合伙公司40%的资产,约1300万美元买入美国运通公司5%的股票。

在接下来的两年时间里美国运通的股价上涨了3倍。在5年的时间内股价上涨了5倍,从35美元上涨到189美元。巴菲特告诉《奥马哈世界先驱报》（1991年8月2日）说，他持有这些股票长达4年，因此他投资美国运通的收益率最起码在4倍以上。

巴菲特在伯克希尔1994年的年报中对他投资美国运通的历史，认为正是这种对公司的长期了解使他做出了大笔增持美国运通股票的明智投资决策。

"在寻找新的投资目标之前，我们会先考虑能否增加原有股票投资的头寸。如果一家企业非常具有吸引力而曾经让我们愿意买入，那么这家公司同样值得我们再次择机买入。我们非常愿意继续增持 See,s 或者 Scott Fetzer 的股东权益比例，但我们至今无法增持到100%的持股比例。但是在股票市场中，投资人经常有机会可以增持他了解且喜欢的公司股票。去年我们就是这样增持了可口可乐与美国运通的股票。

"我们投资美国运通的历史可以追溯到很早以前了，事实上这也符合我总是根据过去的认识来做出现在的投资决策的模式。……我投资美国运通的历史包含两段插曲，在20世纪60年代中期，这家公司由于色拉油丑闻而声名狼藉，股价受到严重打压，我们乘机将巴菲特合伙企业40%的资金投入到这只股票，这是合伙企业所做出的最大一笔投资。我要进一步补充说明一下，我们投资1300万美元买入的股票高达该公司5%的股权比例。目前我们在美国运通的持股比例接近10%，投资成本高达13.6亿美元（美国运通1964年的利润为1250万美元，1994年则高达14亿美元）。

"我对目前在美国运通总利润占1/3的IDS部门的投资可以追溯到更早以前。我在1953年第一次买入IDS股票，当时该部门迅速增长而市盈率只有3倍（在那些日子压弯了枝头的果子唾手可得）。后来我在《华尔街日报》刊登广告以1美元将其股票卖出，我甚至还写了一篇关于这家公司的长篇报告——我写过短的报告吗？

"显然美国运通与IDS（最近已更名为美国运通财务顾问）现在经营的业务已经远远不同于过去，但我还是认为，长期以来非常熟悉一家公司及其产品常常在评估这只股票时很有帮助。

## 重振运通的哈维·格鲁伯

1992年罗宾孙辞职后由哈维·格鲁伯接任总裁，在此之前他负责的IDS非常成功。哈维·格鲁伯清醒地认识到运通公司核心竞争力在于美国运通卡，他经常用"特许权"和"品牌价值"等字眼来形容运通卡的优势地位。哈维·格鲁伯决心逐步清理非核心业务，全力恢复并加强运通公司的核心业务旅游及相关服务（TRS）业务的市场占有率与盈利能力。

1992年，哈维·格鲁伯将下属的数据处理部门（IDC）出售。尽管这一业务盈利能力不错，但与公司核心业务及核心客户关系不大。这次出售IDC为运通公司带来了10亿美元的收益。

1993年，哈维·格鲁伯将运通公司下属的波士顿公司以15亿美元转让给梅隆银行。

不久，又将西尔森—雷曼公司一分为二，将原西尔森及其他证券经纪业务出售，然后又在1994年将从事投资银行的雷曼兄弟公司分拆上市。

哈维·格鲁伯一系列大刀阔斧的运作重新让公司回到专业化经营的正轨上。经过重组，清算了运通公司业绩不佳的非核心业务和不良资产，公司集中力量于最核心的业务，专门向富人阶层提供服务，其中旅游相关服务，包括银行卡、支票、旅游代理仍然是公司的核心产品。管理层的目标是把运通卡变为世界上最受尊敬的服务品牌。公司多次强调美国运通卡的品牌价值，甚至将下属的金融服务公司更名为运通金融服务公司。

哈维·格鲁伯清楚地知道，用户希望从美国运通得到的是信贷安全和特权享受。一旦你购买了美国运通卡，无论你身处世界的哪一个角落，你的权益都将得到保证。多年来，正是这种承诺使美国运通的信用卡和旅行支票业务经久不衰。无论是在国内还是国外，每个用户都能体会到美国运通公司周到、体贴的关怀。据统计，70%的用户在选择信用卡时认为服务质量同价格一样重要。美国运通的用户希望在他们掏出美国运通卡的一刹那就能立即引起饭店接待员的注意，意思是"站在你面前的不是一般人物"。哈维·格鲁伯已竭力使美国运通的白金卡用户在掏出他们的信用卡之后，立即能得到最热情的服务。

在哈维·格鲁伯的领导下，美国运通公司主业旅游相关业务得到显著改善，重组成本与坏账率大幅降低，盈利能力大幅回升。1994年生产成本降低了16亿美元，年营业额高达156亿美元，利润增长了18%，公司的股票也由每股25美元涨至44美元。

## 高端客户创造高利润

公司旅游相关服务持续增长，主要体现在运通卡发行量持续增加。1990年运通卡发行数量已经高达365万张，银行卡直接消费金额达到1110亿美元，旅行支票销售250亿美元，旅游业务收入达50亿美元。

1993年运通卡消费总额达到1240亿美元，其中企业客户达34亿美元。

1997年发卡量更是比1990年增长了17%，消费额增长了87%。

目前全球500强的企业中70%以上使用运通卡。由于运通卡持有者多为富人和企业，持有人平均每年消费支出几乎是维萨卡和万事达卡平均年消费水平的4倍，而且平均每张运通卡的年消费支出保持持续增长，1998年为6885美元，1999年增长为7758美元，增长了12.67%。

更高的消费对于商家来说意味着更多的利润，这也让运通卡越来越多受到商家青睐。运通卡的覆盖面较广，可以在美国80%的零售商店、86%的加油站和近100%的世界性大旅游和娱乐场所使用。持卡人的高消费与更多的商家使用运通卡，使其平均每张信用卡的盈利水平远远高于维萨卡和万事达卡。

由于金融创新，更多美国人将现金、存款、养老金转为货币市场基金、共同基金。公司财务顾问业务相应大幅增长近一倍，1990年资产管理规模达到1060亿美元，收入平均每年递增20%以上。1997年与1990年相比，资产管理规模增长了4倍，利润以每年20%的速度增长。

## 高度专业化经营创造高盈利

哈维·格鲁伯对美国运通公司进行了一系列大刀阔斧的重组后，又定下运通公司的财务目标：每股收益每年要提高12%～15%，权益资本收益率要达到18%～20%。

1993年公司净利润为14.78亿美元。1994年5月，美国运通分拆雷曼公司后，运通股东权益缩减到63亿美元。扣除美国运通在FDC持股上的税后利润为4.35亿美元，以及对分拆雷曼公司的影响调整后，1994年净利润为12亿美元，每股净利润为2.51美元，股本收益率为19%。

1997年美国运通净利润增长到了20亿美元，每股净收益增长到了4.2美元，股本收益率提高到了22%。

## 优秀经理人创造的超额价值

1990年以来，美国运通公司的非现金费用（折旧、摊销）与其用于土地、建筑和设备的资本支出数额相当。根据巴菲特对所有者收益的定义，当折旧、摊销等非现金费用接近资本支出时，所有者收益就近似等于净利润。

在1991年巴菲特投资30亿美元买入其可转换优先股之前，美国运通公司经营历史不稳定，很难断定其股东收益的增长率。

在哈维·格鲁伯接任后对美国运通进行大规模重组，公司进入稳定增长的轨道。公司的价值增长主要来自于哈维·格鲁伯对运通进行专业化重组后，用其高超的管理能力创造的超额价值。

但对于巴菲特而言，由于公司经历了较大的变化，在这种情况下，最好的办法是使用比较保守的增长估计。

"1994年公司的净利润约为14亿美元。哈维·格鲁伯的目标是净利润每年增长12%～15%。为了保守起见，我们的估计要大大低于管理层的预计，假设未来10年美国运通公司净利润每年增长10%，其后的增长率为5%。

"考虑到30年期国债收益率为8%，这已经是一个相当保守的贴现率，为了更加稳妥起见，我们采用10%的贴现率。"

根据计算，运通公司股票的内在价值为 434 亿美元，即每股 87 美元。

### 新的管理层创造新的"安全边际"

罗宾孙收购西尔森—雷曼公司是一个巨大的失败，这家公司经营沉陷亏损泥潭，美国运通公司不得不注入越来越多的资金才能维持经营。罗宾孙在西尔森—雷曼公司前后共投入了 40 亿美元的巨资，不但没有挽救西尔森—雷曼公司，还连累自身陷入经营困境。罗宾孙不得不求助巴菲特，巴菲特为此购买了 3 亿美元的美国运通公司可转换优先股，以解决美国运通资金不足的燃眉之急。巴菲特之所以采用可转换优先股方式投资，是因为当时还没有信心成为美国运通公司的普通股股东。

哈维·格鲁伯接任后进行一系列重组，清算了美国运通公司业绩不佳的非核心业务和不良资产，使公司重新集中于最核心的旅行相关服务业务，公司盈利能力大幅回升。哈维·格鲁伯又定下美国运通公司的财务目标：每股收益每年要提高 12% ~ 15%，权益资本收益率要达到 18% ~ 20%。新的管理层一系列提升股东价值的活动让巴菲特对美国运通发展前景信心大增。

1994 年夏季，巴菲特转换了手中的美国运通公司可转换优先股，不久，他又购进了更多的运通公司普通股。到年末为止，巴菲特以平均每股 25 美元的价格拥有 2700 万股美国运通公司普通股。

根据我们前面的价值评估，即使按最保守的估计，巴菲特也是以相当于美国运通公司股票内在价值 70% 的安全边际买入美国运通公司股票的。

## 第三节　华盛顿邮报公司

投资 0.11 亿美元，盈利 16.87 亿美元

1971 年，凯瑟琳·格雷厄姆决定让华盛顿邮报公司股票上市。

华盛顿邮报公司的股票分为A、B两种类型。A种股票股东有权选举公司董事会的主要成员，B种股票股东只能选举董事会的次要成员。凯瑟琳·格雷厄姆持有50%的A种股票，可以有效地控制公司。1971年6月，华盛顿邮报公司发行了1354000股B种股票。

令人吃惊的是，公司上市仅仅两天后，凯瑟琳·格雷厄姆无视白宫的威胁，授权本·布莱德利出版五角大楼文件。

1972年，华盛顿邮报公司股票价格强劲攀升，从1月份的每股24.75美元上升到12月份的38美元。

1973年，尽管报业在不断发展，道琼斯工业指数持续下跌100多点，创造了3年来的历史新低。6月份，美国联邦储备委员会再次提高贴现率，道琼斯工业指数跌破900点。华盛顿邮报公司股票价格也随之下跌，到5月份下跌到每股23美元。

1973年华盛顿邮报公司股权收益率达到19%，其收入增长趋势也很好。但1973年其股价下跌了近50%，因为美国的股市崩溃了，股指大跌20%。巴菲特抓住这一良机，投资1062.8万美元买入461750股B种股票，平均买入价格为每股22.69美元。

巴菲特指出："在1973年，华盛顿邮报公司的总市值为8000万美元，在那时候某一天你可以将其资产卖给十位买家中的任何一位，价格不会低于4亿美元，甚至还能更高。该公司拥有《华盛顿邮报》、《新闻周刊》以及数家在主要市场区域的电视。当时与其相同的资产的价值为20亿美元，因此愿意支付4亿美元的买家并非发疯。"可见巴菲特认为自己是以低于华盛顿邮报股票内在价值1/4的价格买入股票的。

巴菲特在伯克希尔1985年的年报中回顾投资华盛顿邮报公司时指出："1973年中期，我们以不到企业每股商业价值1/4的价格，买入了我们现在所持有的华盛顿邮报全部股份。其实计算股价价值比并不需要非同寻常的洞察力，大多数证券分析师、媒体经纪人、媒体行政人员可能都和我们一样估计到华盛顿邮报的内在商业价值为4~5亿美元，而且每个人每天都能在报纸上看到它的股票市值只有1亿美元。我们的优势更大程度上在于我们的态度：我们已经从本·格雷厄姆那里学到，投资成功的关键是在一家好公司的市场价格相对于其内在商业价值大打折扣时买入其股票。

"1973～1974年间华盛顿邮报的业务经营继续非常良好，内在价值持续增长。尽管如此，1974年年底我们持股的市值却下跌了约25%，我们原始投资成本为1060万美元，这时仅为800万美元，本来在一年前我们觉得已经便宜得可笑的股票现在变得更便宜了，拥有无穷智慧的'市场先生'又将华盛顿邮报的股价相对于其内在价值进一步降低了20%。"

即使按该公司股票内在价值最保守的估算，也会显示出巴菲特是以少于其内在价值一半的价钱买进华盛顿邮报公司股票的，而巴菲特自己认为是以低于其内在价值1/4的价钱购买的。不管怎么说，他是按华盛顿邮报公司股票内在价值显著的折扣价格买进的。巴菲特充分满足了本·格雷厄姆关于购买企业的准则，即低价购买创造了一个很大的安全边际。

1973年巴菲特持有华盛顿邮报股票461.75万股，1979年拆细为186.86万股，1985年略有减少为172.78万股，然后到2003年年底巴菲特仍然保持持股毫无变化。这是巴菲特持有时间最长的一只股票，长达31年。1977年底，华盛顿邮报公司股票在伯克希尔公司的普通股投资组合中占18.4%，这是一个非常高的比重。在1973年时巴菲特还没有买入GEICO保险股票，当时在投资组合中占的比重可能超过30%。

巴菲特在伯克希尔1985年的年报中感叹道："在伯克希尔公司我通过投资华盛顿邮报，将1000万美元变成5亿美元。"1973年巴菲特用1062万美元买入华盛顿邮报公司的股票到2004年底市值增加到16.98亿美元，30年的投资利润为16.87亿美元，投资收益率高达160倍。华盛顿邮报公司股票是巴菲特寻找到的第一只超级明星股，也是回报率最高的一只超级明星股。

**美国两大报业之一**

《华盛顿邮报》是美国最主要的城市之———华盛顿最大、

最悠久、最具有影响力的报纸。20世纪70年代初通过揭露水门事件,迫使理查德·尼克松总统退职,《华盛顿邮报》获得了国际威望。许多人认为它是继《纽约时报》后美国最有声望的报纸。由于它位于美国首都,尤其擅长报道美国国内政治动态,而《纽约时报》则在报道国际事务上更加有威望。也有人认为《华盛顿邮报》过分关心政治而忽略了对其他方面的报道。

《华盛顿邮报》拥有世界著名的优秀政治新闻记者,1971年6月在公司发行B种股票仅仅两天后,《华盛顿邮报》在巨大的政治压力下刊登了五角大楼文件并跟踪报道水门事件,直接导致了尼克松总统的辞职。此举充分表现了作为媒体的独立性,使该报获得了崇高的声誉,确立了该报在业内的领袖地位。在很多年之后的1998年初,《华盛顿邮报》第一个报道美国总统克林顿与白宫实习生莱温斯基的性丑闻事件。2004年《华盛顿邮报》获得18项普利策奖。

几十年来,《华盛顿邮报》一直在同《星报》的竞争中努力前进。《华盛顿邮报》公司通过收购《国际先驱论坛报》,已经成为一个非常强大的竞争对手,并且很快超过了《星报》。1981年《星报》被迫停刊,这使得《华盛顿邮报》实际上成为这个世界上最重要的城市之一——美国首都华盛顿的唯一一家处于垄断地位的报纸。按2003年9月30日的数据显示《华盛顿邮报》的日平均发行量为78万份,继《洛杉矶时报》《纽约时报》《华尔街日报》和《今日美国》后列第五名。《华盛顿邮报》星期日的发行量大约为110万份。《华盛顿邮报》的零售价格从1981年最初的25美分已经增加到2001年的35美分。

在最近几年里,《华盛顿邮报》已经在利润和股票市场价值方面超过了自己最大的竞争对手《纽约时报》。《华盛顿邮报》公司利润的一半来自于《华盛顿邮报》的发行,除此以外,《新闻周刊》在1995年的经营利润就已经达到了这个数字,到1997年,经营利润达到了3800万美元。

目前公司下属的《新闻周刊》也是与《时代周刊》并驾齐驱的全球最有影响力的杂志之一。《新闻周刊》是一份在纽约出版,在美国和加拿大发行的新闻类周刊。在美国，它仅次于《时代周刊》，当然有时它的广告收入超过了《时代周刊》。在发行量上，它超过了《美国新闻和世界报道》。在这三份期刊中，《新闻周刊》通常被视作观点比《时代周刊》更自由，而比《美国新闻和世界报道》更保守。最初《新闻周刊》的英语名字是 News Week，由托马斯 J.C. 马丁于 1933 年 2 月 17 日创立，在这份创刊号的封面上印有有关那周新闻的 7 张照片。1937 年，马尔柯姆·米尔成为该刊主编及总裁，他将刊物的英文名字改成了现在的样子，并加强了该刊文章的可读性，引入了新的署名专栏和国际版面。随着时间的流逝，《新闻周刊》已经发展为一个内容广泛的全方位新闻类杂志，其涵盖范围包括了从突发新闻到深度分析的各种内容。1961 年，华盛顿邮报公司将其收归旗下。

根据 2003 年的统计数据，《新闻周刊》在全球有超过 400 万的发行量，其中在全美为 310 万。同时，它还出版日、韩、波兰、俄、西、阿拉伯等多种语言版本，以及一份英语的国际刊物。

巴菲特 1973 年开始购买股票之前，华盛顿邮报公司就已经有 30 多年的经营历史。公司从一家几十万美元的小报纸起步，发展成为如今 50 多亿美元市值的美国传媒企业中的领导者。1931 年，《华盛顿邮报》是美国五家主要日报之一。第一期《华盛顿邮报》有 4 版，每一版面包括 7 个栏目，采用优质印刷纸印刷。

1933 年，华盛顿邮报公司因无力支付新闻纸的费用而被拍卖。金融家百万富翁尤金·梅耶在拍卖会上以 82.5 万美元的价格购买了这家报社。

当时《华盛顿邮报》的日发行量只有 5 万份，一年亏损 100 万美元，是当年华盛顿 5 份报纸中质量最差、亏本最多、读者最少的一份报纸，谁也没有想到它以后会变成美国的媒体帝国。

在以后的 20 年中，尤金·梅耶把自己的全部时间、精力和资金都投入到华盛顿邮报，他的追求、执着以及他为此而不断投入的资金，拯救了华盛顿邮报。经历了九年半的亏损之后，华盛顿邮报终于扭亏为盈，1942~1945 年累计盈利额达到了 24.75 万美元。1946 年，杜鲁门总统邀请尤金·梅耶担任世界银行的第一任总裁。

1948年，尤金·梅耶正式宣布，把具有投票权的5000股公司股份分别转交给女婿菲利普·格雷厄姆3500股和女儿凯瑟琳·格雷厄姆1500股。菲利普·格雷厄姆毕业于哈佛大学法学院，加入华盛顿邮报公司前担任过《法律评论》的主管。

菲利普·格雷厄姆很快就成为华盛顿邮报公司一个精明强干的领导人。他开始从财务和新闻两个方面着手打造公司。

1954年，菲利普·格雷厄姆收购了《时代先驱报》，从而成为华盛顿唯一的一家晨报。通过这次收购，《华盛顿邮报》的发行量增加了两倍，广告收入也出现了大幅度提升，使39岁的菲利普·格雷厄姆成为美国新闻历史上一位重要的人物。他1961年收购了《新闻周刊》，随后购买了两家电视台，后来又收购了伯沃特·莫塞纸业公司——它为公司提供了绝大部分的新闻纸。《华盛顿邮报》公司在格雷厄姆掌门期间，从一家报社转变为一家名声大振的传媒通信公司。

菲利普·格雷厄姆在1957年患上了严重的间歇性抑郁症，1963年8月自杀，年仅48岁。

这样，管理华盛顿邮报公司的责任突然之间就完全落到了凯瑟林·格雷厄姆的肩上，她曾经在报社担任过编辑，但是她对新闻报道和商业经营的经验在当时却非常有限。格雷厄姆夫人出于对华盛顿邮报公司的真挚热爱，勇敢地担起了重任。她说："我可以出售这家报社，我可以找个人替我管理报社，或者我自己去经营，但是实际上我已经别无选择，我只能自己去经营。对于我来说，要放弃我的父亲和丈夫用心血和爱一手建造起来的一切，或者把它交给别人是不可思议的。"

她把《华盛顿邮报》办成全国最出色的报纸，一份以调查性报告、文体风格独特和经营成功而著称的报纸。

巴菲特对报纸出版业务非常了解，这完全在他的能力圈之内。

巴菲特的祖父曾经拥有一家小型报社并自任编辑，他父亲曾经担任过《内布拉斯加日报》的编辑。

巴菲特本人13岁时就是《华盛顿邮报》一名非常勤奋的报

童，他一度每天要走5条线路递送500份报纸，主要是投送给公寓大楼内的住户。

通常巴菲特下午5：20出发，坐上开往马萨诸塞大街的公共汽车。聪明的他把春谷区的两条投递《华盛顿邮报》的路线和两条投递《时代先驱者报》的路线结合起来，这个年轻的报童后来又增加了西切斯特公寓大楼的投递工作。

为了能够更好地利用送报机会从顾客那里赚取更多的收入，他想出了一个十分有效的杂志征订的方法。他从被丢弃的杂志中撕下带有征订优惠有效期的广告页，把它们归类，然后在适当的时间请顾客从中选择要续订的刊物。在近4年多的时间里，他同时开发了5条送报路线，总共赚了5000多美元，这是巴菲特投资致富的最初资金来源。

巴菲特对传媒产业非常有兴趣，他和很多高级记者成为亲密的朋友，他曾经说过，如果他没有选择商业的话，很有可能会成为一名记者。

他具有一名记者在编辑和制作方面所具有的一切天分，他对那些价值被低估行业进行的研究，他所具有的敏锐的商业意识，以及一个记者所具有的独特眼光结合为一身。

1969年，巴菲特购买了《奥马哈太阳报》，同时还有一系列周报。在他第一次买华盛顿邮报公司股份之前，已经具有了4年报纸运作的亲身经验。经营管理《奥马哈太阳报》使巴菲特认识到了报纸的经济特许权，这是巴菲特投资一系列传媒产业公司股票大获成功的根本。

## 传统媒体的特许经营权

华盛顿邮报公司拥有报纸、杂志、电视台等大量传媒企业，股票的市场价值总额已经远远超过了50亿美元。

公司一半的营业收入来源于报纸《华盛顿邮报》。

1998年初《华盛顿邮报》第一个报道美国总统克林顿与白宫实习生莱温斯基的性丑闻事件。《华盛顿邮报》获得了18项普利策奖。许多人认为它是继《纽约时报》后美国最有声望的报纸。

公司 1/4 的收入来源于杂志，主要杂志《新闻周刊》的国内发行量超过 300 万份，国际发行数量超过 70 万份。

华盛顿邮报公司还拥有考斯传媒公司 28% 的股份，考斯传媒公司主要发行《明尼阿波利斯星星论坛》，其他一部分股份已经在 1997 年出售给麦克兰奇公司。

同时，《华盛顿邮报》与《纽约时报》分别拥有《国际先驱论坛报》一半的股份，这份报纸在巴黎发行，并在世界各地的 8 个城市同时印刷，主要是转载《华盛顿邮报》和《纽约时报》的报道，报纸在全世界 180 个国家发行。《国际先驱论坛报》的发行量大约为 24 万份。

此外，《华盛顿邮报》公司还控制着洛杉矶《华盛顿邮报》新闻社一半的股份，这个新闻社为世界各地 50 个国家的 768 家客户提供新闻、专访和评论。

1992 年 3 月，华盛顿邮报公司收购了加瑟斯伯格·加塞特公司 80% 的股份，这家公司是加塞特报社的母公司，目前在马里兰州发行了 39 份周刊，这些周刊的综合发行量大约为 60 万份。

华盛顿邮报公司还在当地的军事基地发行了一系列周报，其中包括在保龄空军基地的《光束》、美国空军学院的《三叉戟》以及沃尔特·里德军事医疗中心的《星条旗》。

在 2001 年年初，华盛顿邮报公司的加塞特公司，还收购了马里兰州艾尔克顿切萨皮克出版公司的《南方马里兰报》。

公司其他 1/4 收入主要来源于电视部门。

华盛顿邮报公司目前拥有大约 6000 名雇员，还拥有 6 家电视台：底特律的 WDIV/TV4 电视台、迈阿密／福特劳德代尔堡的 WPLG/TVl0 电视台（与麦雷迪斯公司交换得到）、奥兰多的 WCPX 电视台——1998 年为了纪念凯瑟林·梅耶·格雷厄姆而更名为 WKMG 电视台（与麦雷迪斯公司交换了哥伦比亚广播公司之后）和杰克逊维尔的 WJXT/TV4 电视台。华盛顿邮报公司还在 1994 年以 2.53 亿美元的价格收购了休斯敦的 KPRC-TV 电视台和圣·安东尼奥 KSAT-TV 电视台。

此外，公司还拥有一个有线电视网，这个有线电视网是

1986年以3.5亿美元的价格从资本城公司购入的,当时该有线电视网已经拥有大约36万名用户。巴菲特是所有这些交易的中心人物。华盛顿邮报公司有线电视一台在亚利桑那州的菲尼克斯通过收购,用户已经达到了大约75万名(同时还拥有23.9万名数字有线电视用户)。目前有线电视业务的利润水平远远超过当初收购的水平。

华盛顿邮报公司拥有斯坦利·卡普兰公司(现在被称为卡普兰教育中心),负责为学生提供各种注册资格考试和入学考试,包括目前非常盛行的学习能力考试。

巴菲特对传媒行业非常钟爱,先后投资过联合出版公司、华盛顿邮报公司、大都会/ABC等多家传媒产业公司。巴菲特对传媒行业进行了深入分析,将其产业的基本特征总结为由于经济特许权形成的产业平均高盈利水平。

巴菲特在伯克希尔1984年的年报中分析传媒产业的高盈利特性时感叹道:"即使是三流报纸的获利水平也一点不逊色于一流报纸。"

在商业社会中一家占有主导地位的报纸的经济状况是最具有优势的。企业主们通常相信只有努力地推出最好的产品才能取得最好的盈利,但是这种令人信服的理论却让无法令人信服的事实打破,当一流的报纸取得高获利时,三流报纸的获利水平却一点不逊色,有时甚至更多一些,只要这两类报纸在当地都占有主导地位。当然产品的品质对于一家报纸取得主导地位非常关键。……一旦主宰当地市场,报纸本身而非市场将会决定这份报纸是好还是坏,不管报纸好坏,都会大赚特赚。但是在大多数行业内却并非如此,质量水平较差的产品,其经营状况也肯定会比较差。但即使是一份水平很差的报纸对一般民众来说仍然具有公告栏的价值。当其他条件相同时,一份烂报纸当然无法像一份一流报纸那样拥有广大的读者,但是一份水平很差的报纸对一般市民却仍然具有很重要的作用而吸引他们的注意力,从而也会吸引广告商们的注意力。

巴菲特认为传媒产业的高盈利来自于其取得市场垄断地位

的经济特许权。

事实上，报纸、电视与杂志等传媒企业的特点，越来越类似于普通企业，越来越远离于经济特许权企业。我们简单分析一下经济特许权企业与一般企业的本质不同，不过请记住，很多企业事实上是介于这两者之间，所以也可以将之形容为弱竞争力的经济特许权企业或是强竞争力的一般企业。借由特定的产品或服务，一家公司拥有经济特许权：（1）产品或服务确有需要或需求；（2）被顾客认定为找不到其他类似的替代品；（3）不受价格上的管制。

一家具有以上3个特点的公司，就具有对所提供的产品与服务进行主动提价的能力，从而赚取更高的资本报酬率，更重要的经济特许权比较能够容忍不当的管理，无能的经理人虽然会降低经济特许权的获利能力，但是并不会造成致命的伤害。……与经济特许权企业不同，一般企业会因为管理不善而倒闭。

巴菲特指出："传媒企业过去之所以能一直保持如此优异的表现，并不是因为销售数量上的成长，而主要是绝大多数传媒企业拥有非同一般的定价权力。"

报纸是一种奇妙的行业，它是那种趋向一种自然的有限垄断的少数行业之一。很明显，它与其他广告媒体互相竞争，但与报纸相近的其他文字印刷品是无法与报纸竞争的。你能举出其他像报纸那样的行业吗？没有了。

### 让总统辞职的凯瑟琳·格雷厄姆

1917年6月16日，凯瑟琳·格雷厄姆出生在美国纽约一个富豪家庭里，父亲尤金·梅厄在美国胡佛总统任内曾担任美国联邦储备委员会主席，在杜鲁门总统任内担任世界银行第一任行长。1933年，在一次破产拍卖会上，梅厄以82.5万美元买下华盛顿邮报公司。

1940年6月，凯瑟琳与菲利普·格雷厄姆结婚。1945年，凯瑟琳的父亲将华盛顿邮报公司大权交给了菲利普·格雷厄姆，甚至把股权的大部分都给了菲利普，而凯瑟琳则在家做全职家庭妇女，养育4个孩子。

后来菲利普患上了严重的精神抑郁症。1963年8月，他在自家农场开枪自杀身亡。当时凯瑟琳已经46岁了，当了许多年的家庭主妇，突然失去丈夫，她根本不知道如何是好。

菲利普·格雷厄姆死后，华盛顿邮报公司的控制权移交给了他的妻子凯瑟琳·格雷厄姆。尽管她没有管理大公司的经验，但她很快就因大胆处理公司难题而引人注目。格雷厄姆夫人的成功很大程度上可以归结为她对华盛顿邮报公司的真挚热爱，她亲眼目睹了父亲和丈夫怎样共同为公司的生存和发展而努力奋斗。她意识到，要想获得成功，公司就需要一位决策者而非保管员。"我很快认识到了事物不是静止不变的，你不得不进行决策。"

她开始向周围那些成功的人士学习，学习新闻的基本业务和经营手段。最为重要的是，她学会了任用比自己更优秀的人才。她最重要的一个决策是上任之后任命本杰明·布莱德利担任总编辑。

布莱德利是一位"现代人"意义上的新闻人，他不喜欢强调新闻的责任感，更讨厌纯粹的资讯，在《新闻周刊》时，他整天督促年轻的记者写出好玩的东西。上任后他将这种风尚带入《华盛顿邮报》，改变了传统老旧的风格。

布莱德利喜欢明星记者制，坚信只有非常优秀的明星们让报纸水准最快地提升。他以非常自由的空间与非常高的薪水从《纽约时报》《新闻周刊》等处广招贤才，甚至包括3名"普利策新闻奖"得主。凯瑟琳对此全力支持，将编辑部的经费从每年400万美元提高到800万美元，整整翻了一倍！

凯瑟林立志要让人们用谈论《纽约时报》那样的口气谈论《华盛顿邮报》。一系列的剧变发生在《华盛顿邮报》，尤其是两次重大新闻事件改变了《华盛顿邮报》，也把凯瑟琳推到了事业的顶峰。

1971年，面对如何处理"五角大楼报告"（一份被泄露的国防部研究报告，暴露了政府在越南战争问题上的欺骗行径）的问题，对她来说，这是一个需要做出重大决策的时刻。

《纽约时报》由于发表报告摘录已经招致了法院的禁令,如果《华盛顿邮报》发表这份文件的话,根据《间谍法案》,它有可能遭到起诉,而这会对公司即将进行的上市和将带来丰厚利润的电视许可证构成威胁。

报道还是不报道?这个问题尖锐地摆在凯瑟琳面前,即使菲利普·格雷厄姆说"否",相信也不会有任何人对此产生异议。

但是这位女报人再一次站出来,说了"是"。她后来回忆,当时她非常紧张害怕,但她吞咽了一下,一连说了三个 Go ahead:"Go ahead, go ahead, go ahead. Let,s go. Let,s publish!"

对于一生充满不安定感觉并且出于偶然因素而成为 CEO 的人来说,这是一个非同寻常的决定,"我惊恐不已"和"我吓得发抖"这样的句子不断在她的回忆录中出现。"我的这个决定可能会令整个公司陷入危险。"但她最终得出的结论是,以牺牲公司的灵魂为代价来选择生存保障,将比不能生存更糟糕。于是《华盛顿邮报》发表了这份报告。凯瑟琳就像一个赌徒,倾其所有压在了一篇报道上,她赢了!

最终,《华盛顿邮报》的立场得到最高法院的肯定。从那个时候起,《华盛顿邮报》已经不再是一份小报,人们提起它的时候,那口气就像提起了《纽约时报》。

出版五角大楼文件并追踪报道"水门事件"的调查进展,从而使《华盛顿邮报》获得了不少新闻奖。这些"获奖新闻"给华盛顿邮报公司赢得了极高的声誉,而巴菲特则教会了凯瑟琳如何运转一家成功的企业。

巴菲特第一次结识凯瑟琳·格雷厄姆是在 1971 年。当时,巴菲特拥有《纽约人》杂志出版公司的股票。听说该杂志可能要卖掉,巴菲特为此询问凯瑟琳是否有兴趣购买。而在此时,华盛顿邮报公司的财务结构正在进行重大改组。

凯瑟琳掌控公司的控制权之前,公司所有有投票权的股票都掌握在她的父母手中。凯瑟琳将其父手中成千上万的有投票权的股票赠给了几百名公司职员,以感谢他们的忠诚服务。她还用自

—205—

己的股票建立了公司的利润分享计划。利润分享计划和职工个人持股要求公司为其股票维持一个交易市场。这种安排实际上是公司现金的一种非生产性使用。此外家族还面临着高昂的遗产税。

1971年，凯瑟琳决定让华盛顿邮报公司上市，以便缓解公司自身单独维持公司股票内部交易市场的负担和压力，并使家族继承人有能力为他们的财产找到盈利更高的投资方式。

1972年，华盛顿邮报公司股价强劲攀升，从1月份的每股24.75美元上升到12月份的38美元。但是，尽管报业在不断发展，在华尔街上空却笼罩着低迷悲观的情绪。1973年初，道琼斯工业指数开始下滑。到该年春天，下跌了100多点。华盛顿邮报公司股价随之下跌，到5月份，下跌至每股23美元。同一个月里，金价突破100美元一盎司，美国联邦储备银行把贴现率提高到6%，道琼斯指数再次下跌了18个点。6月份，贴现率再次提高，道琼斯工业指数跌破900点。然而，巴菲特此时却镇定自如，仍在购买华盛顿邮报公司股票。

巴菲特在最初购买华盛顿邮报公司股票时，凯瑟琳心有顾忌。一个非家族成员拥有华盛顿邮报公司这么多股票，即使这些股票没有控制权，对她来说也是不安全的。巴菲特想让凯瑟琳确信他的购买纯粹是投资行为。于是他建议凯瑟琳的儿子唐纳德代理自己行使投票权。凯瑟琳立即做出反应，于1974年邀请巴菲特加入董事会，并且很快任命他为董事会财务委员会主席。

巴菲特在华盛顿邮报公司发挥了重要作用。他帮助凯瑟琳度过了20世纪70年代的罢工狂潮，他还教给唐纳德很多商业知识，帮助他理解管理的作用及其对公司股东的责任。

### 巴菲特提议的最成功的股票回购

巴菲特在伯克希尔1985年的年报中对华盛顿邮报公司的总裁凯瑟琳·格雷厄姆的资本配置能力予以高度赞赏，他认为对华盛顿邮报股票投资巨大收益中的大部分来自于这位女总裁的高超管理能力。

"你们当然知道我们这次对华盛顿邮报公司股票投资的美

满结局。华盛顿邮报的总裁凯瑟琳·格雷厄姆用非凡的智慧和勇气，充分利用股价低迷的时机大量回购公司的股份，而且运用高超的管理能力推动公司内在商业价值大幅增长。与此同时投资人开始认识到公司业务非凡出众的竞争优势，从而推动公司股价上升，逐步接近其内在价值。因此我们得到了三大好处：一是公司内在商业价值快速增长；二是每股商业价值由于公司回购股份又进一步快速增长；三是随着股票被低估的幅度逐渐缩小，股价上涨的幅度超越了每股商业价值的增长幅度。

"我们1973年投资1060万美元买入的华盛顿股份，除了1985年根据持股比例在公司回购时卖回给公司的股份外，全部一直持有至今。这些股份年末的市值加上因回购而出售股份所得的收益共计22.1亿美元。

"假若在1973年我们将1060万美元随意投资到6家当时最热门的传媒企业之一，则到今年年底我们持股的市值在4000~6000万美元之间，这将大大超过市场平均收益水平，其根本原因在于传媒企业的非凡出众的经济特征。我们买入华盛顿邮报股票所获得的额外1.6亿美元投资收益，在很大程度上来自于凯瑟琳·格雷厄姆所作出的远胜于其他传媒企业管理者的高超经营决策。尽管她惊人的商业成就大部分并不为人所知，但伯克希尔的所有股东却不能不倍加赞赏。"

华盛顿邮报公司由于其作为传媒行业拥有突出的经济特许权，公司只需少量的有形资产，就能产生巨大的现金流入，而资本支出相对小得多，因此公司每年都会形成大量的自由现金流，远远超过了公司业务经营的资金需求。

如何使用这部分自由现金流，为股东创造更多的价值，是对管理层资本配置能力的考验。

凯瑟琳·格雷厄姆在她的自传《我的历史》一书中说，她和巴菲特的第二次见面是在巴菲特收购华盛顿邮报的股份之后。巴菲特再一次向格雷厄姆表示，绝对不会干涉华盛顿邮报的内部事务，凯瑟林·格雷厄姆邀请巴菲特到华盛顿共进晚餐，并参观一下华盛顿邮报公司。1974年，巴菲特被任命为华盛顿邮报公司的董事,并主持财务委员会的工作。于是,巴菲特成了她的商业顾问。从此以后,他们之间建立了一种深厚的友谊和相互依赖的利益关系。凯瑟琳·格雷厄姆在《我的历史》中回忆道:"我在这些年所采取的措施,巴菲特在财务金融方面提出的建议,以及我们之间的经常性沟通发挥着关键性的作用。"

凯瑟琳·格雷厄姆任总裁期间在以下3个方面体现了高超的资本配置能力:

一是低价回购股票。华盛顿邮报公司是在报业同行中第一个大量回购股票的公司,1975~1991年期间,公司以平均每股60美元的价格回购了43%的流通股。1974年,巴菲特担任华盛顿邮报公司的董事后不久提议回购华盛顿邮报公司的股票。

凯瑟琳·格雷厄姆在《我的历史》中回忆道:"我认为最重要的仍然是,他劝说我回购公司股票,这让我们受益匪浅。以前我对此一直将信将疑。虽然回购在今天已经成为司空见惯的事情,但是在20世纪70年代中期,还没有几家公司会采取这样的措施。当时我认为,如果以公司全部的资金购买自己发行在外的股票,那么公司的成长能力将会大受影响。巴菲特为我提供了各个方面的数据,通过这些数字向我说明了这一措施不仅可以从长期为公司带来收益,甚至使公司在短期内也可以从中受益。他反复强调,目前的股票价格如何低于真实价值,回购措施与目前所采取的各种方案相比,如何具有其特殊的优势。他让我逐渐明白了这一点:如果我们回购华盛顿邮报公司1%股票的话,我们就可以以更低的价格拥有更多的股份,于是我认为我们的确有必要这样做。"

二是只进行合理的收购。在伯克希尔公司投资后的25年内,传媒产业发生过很多购并,而华盛顿邮报公司是传媒产业中最经常对购并说"不"的,它的目标企业是有竞争壁垒,不需要过多的资本性支出,而且有合理调价的能力。

令人吃惊的是,在巴菲特的董事会任期中,华盛顿邮报公司几乎没有任何大的购并行动。整整11年中,华盛顿邮报公司以合理的价格在华盛顿买下一家报纸的同时又在特伦顿买了一家，使公司报业得到很好的扩张。1986年，从大都会公司手中购买了电缆公司的所有权，这又使大都会公司有能力收购美国广播公司（ABC）。华盛顿邮报公司还是手机产业最早的投资者，但后来又出售了。和从前一样，98%的利润依旧来自于《华盛顿邮报》《新闻周刊》以及4家电视台，唯一显著的变化是它的盈利能力翻了一番。

巴菲特在伯克希尔1987年的公司年度会议上这样说："在华盛顿邮报公司出售无线电话业务的过程中，我的唯一作用是当初曾经建议公司以现在出售价1/5的价格收购这项业务，这也是他们最后一次征求我的意见。他们对我第一次提出的建议显然并不感兴趣，此后，他们再也没有征求过我的意见。"

三是提高现金红利。1990年，华盛顿邮报公司面对大量现金储备，公司决定把红利从每股1.84美元提高到4.00美元，增长了117%。

## 高于报业平均水平两倍的利润率

华盛顿邮报公司上市6个月后，凯瑟琳·格雷厄姆为公司确立的第一个目标就是要大幅度提高经营利润率。电视台和《新闻周刊》两个部门的利润持续上升，然而报纸的获利能力却相对增长缓慢。

格雷厄姆夫人发现报纸盈利能力低的主要原因是生产成本过高，尤其是员工工资太高。华盛顿邮报公司买下《时代先驱报》之后，公司利润不断增长。在整个20世纪五六十年代，由于员工工资不断提高，使公司盈利能力不断下滑。

历史上每当工会组织罢工（1949、1958、1966、1968、1969年），管理层都宁愿满足他们的要求，而不愿冒报社倒闭的风险，格雷厄姆夫人决心彻底解决这一问题。

凯瑟琳为了控制成本，采取了一连串降低成本的措施，然而降低员工工资的做法却招来印刷业工会的不满。10月份时，印刷厂以至广告部门工人决定大罢工，罢工者还火烧《华盛顿邮报》印刷厂，导致罢工第一天的报纸无法刊印出版，部分工人还袭击报纸采编人员。在罢工最严重的时候，人们常常可以看到记者、编辑室里杂乱无章，毫无疑问，这对于报界的财务和声誉都是一个沉重的打击。在凯瑟琳的镇定领导下，报社里的记者和编辑没有动摇，继续坚守岗位。然后，凯瑟琳派人自行接洽广告甚至亲自操作印刷机，又用直升机从报馆天台将版样运到邻近州府的印刷厂印刷。4个月后，格雷厄姆夫人宣布公司将雇用非工会会员的印刷工人。经过长达5个月的谈判，工潮终于化解，华盛顿邮报公司安然渡过难关。

华盛顿邮报公司在整个20世纪60年代税前经营利润率平均为15%，进入70年代后由于工资过高、罢工等原因不断下降。1973年，公司的税前经营利润率仅为10.8%。由于格雷厄姆夫人采取了一连串降低成本的措施，并和工会合同谈判成功，使公司盈利状况明显改观。1978年，公司税前经营利润率已上升至19.3%，5年半时间增长了80%。

巴菲特进入董事会后，在他的协助下，格雷厄姆进一步降低成本，同时逐渐提高报纸零售价格。几十年来，《华盛顿邮报》一直在同《星报》的竞争中努力前进。邮报通过收购《国际先驱论坛报》，发行规模大大增加。1981年《星报》在激烈竞争下被迫停刊，这使得《华盛顿邮报》实际上成为美国首都华盛顿的唯一一家处于垄断地位的报纸，日平均发行量为76万份，零售价格从1981年最初的25美分增加到2001年的35美分。从1973年开始，公司广告收入每年增长8%，发行收入每年增长10%，营业利润每年增长12%。

1988年，华盛顿邮报公司的税前经营利润率高达31.8%，几乎是报业平均水平16.9%的两倍，而标准普尔工业指数平均水平只有8.6%。虽然公司经营利润率在20世纪90年代初有所下降，但是仍然远远高于标准普尔工业指数平均水平。

## 1美元留存收益创造1.81美元市值增长

巴菲特的目标是选择这样的公司：留存收益中的每一个美元都至少能转成市场价值中的一美元，这个测试可以用来很快确认这样的公司，即它们的管理人员一直能够最令人满意地对其资本进行分配和投资。如果留存收益投资到公司中去并且创造出高于平均水平的回报，则公司市值将相应会成比例地大幅上升。

从1973年到1992年，华盛顿邮报公司为其股东赚得17.55亿美元。在这些收益中，分给股东2.99亿美元，公司保留了14.56亿美元用于再投资。

1973年，华盛顿邮报公司的总市值只有8000万美元，此后，公司市值开始不断上升，1992年高达27.1亿美元。1973~1992年，公司股票市值增加了26.3亿美元。

在这20年里，华盛顿邮报公司的每1美元留存收益，为其股东创造了1.81美元的市值。

## 难以置信的超级"安全边际"

1973年华盛顿邮报公司净利润1330万美元，折旧和摊销370万美元，资本性支出660万美元，则计算可知1973年自由现金流为1040万美元。

1973年美国政府长期债券利率为6.81%，如果我们假设华盛顿邮报公司不再继续增长，1973年自由现金流1040万美元将一直持续下去，则公司内在价值为15272万美元（1040万美元/6.81%），相当于巴菲特买入时公司市值的2倍。由于报纸在其所在的城市内拥有相当的垄断地位，完全可以通过提价的方法来提高盈利，而不用担心失去多年来形成的忠诚客户。如果华盛顿邮报公司有能力提高实际价格3个百分点，则该公司股票的内在价值将接近3.5亿美元。如果公司税前经营利润率从当时的10%提高到15%，该公司股票的内在价值将增加1.35亿美元，那么总价值将达到4.85亿美元。

当时，《华盛顿邮报》作为领头报纸在华盛顿市场中占主导地位，拥有整个华盛顿发行量的66%，但其利润率却只有10%。巴菲特发现其利润率历史平均水平为15%，深信其盈利能力将会有巨大的提高。事实上，在巴菲特的董事会任期中，华盛顿邮报公司几乎没有任何大的扩张行为。1974年公司每1

美元销售额的营业利润为10美分,而1985年时,达到19美分,股权回报率也翻了一番。

当时人们普遍认为,即使永远不追加资本,一流的媒体公司收益率也能够达到5%~6%的增长速度,这就意味着媒体公司的收益是无风险的现金流。对一个按5%的速度增长的永续现金流的价值是:

1040万美元/(7%-5%)=5.2亿美元

分析公司的价值,华盛顿邮报公司在1972年的有形资产包括房产建筑物、机器设备、存货等,仅有6400万美元,而这些有形资产在1972年创造的净利润为1000万美元,1973年为1330万美元。

华盛顿邮报公司出众的经济特许权,为公司创造了巨大的经济商誉,当企业有形资产预期产生的价值远远超过市场收益率时,企业的价值就远远大于净有形资产的价值。这种资本化的超额收益,就是经济商誉。

巴菲特指出,报纸只有很低的资本需求,可以很容易地把销售收入变为利润。即使一家报纸安装了昂贵的计算机辅助印刷设备和新闻电子排版系统,它们也会很快通过较低的固定工资费来支付。

巴菲特认为,一家典型的报纸,即使其价格涨一倍,同时仍可保持90%的读者。《华盛顿邮报》在华盛顿具有市场垄断地位,对于读者、广告商具有非常高的重要性,因此能够相对容易地提高价格,从而产生高于平均水平的投资收益并降低通货膨胀的负面影响。